北京绿色农业金融发展机制研究

——基于供应链金融的探讨

张 伟 著

中国金融出版社

责任编辑：吕　楠
责任校对：孙　蕊
责任印制：赵燕红

图书在版编目（CIP）数据

北京绿色农业金融发展机制研究——基于供应链金融的探讨/张伟著．
—北京：中国金融出版社，2018.10
　ISBN 978 - 7 - 5049 - 9875 - 0

　Ⅰ.①北…　Ⅱ.①张…　Ⅲ.①农村金融—金融机制—研究—北京
Ⅳ.①F832.35

　中国版本图书馆 CIP 数据核字（2018）第 268112 号

北京绿色农业金融发展机制研究——基于供应链金融的探讨
Beijing Lüse Nongye Jinrong Fazhan Jizhi Yanjiu：Jiyu Gongyinglian Jinrong de Tantao

出版
发行　**中国金融出版社**

社址　北京市丰台区益泽路 2 号
市场开发部　（010）63266347，63805472，63439533（传真）
网 上 书 店　http：//www.chinafph.com
　　　　　　（010）63286832，63365686（传真）
读者服务部　（010）66070833，62568380
邮编　100071
经销　新华书店
印刷　北京市松源印刷有限公司
尺寸　169 毫米 ×239 毫米
印张　8.5
字数　133 千
版次　2018 年 10 月第 1 版
印次　2018 年 10 月第 1 次印刷
定价　49.00 元
ISBN 978 - 7 - 5049 - 9875 - 0
如出现印装错误本社负责调换　联系电话(010)63263947

　　本书受 2012 年教育部人文社科青年基金项目《首都绿色农业金融发展机制研究——基于供应链金融的探讨》（项目批准号：12YJC790271）、2013 年北京工商大学国家社科基金配套项目《中国农村金融改革与发展研究》资助，在此表示感谢。

目　录
Contents

1 绪　论

1.1　研究背景

发展循环经济和绿色经济，实现社会、经济的可持续发展，已经成为世界发展的潮流和趋势。改革开放 40 年来，我国社会经济发展取得了举世瞩目的成就，但是与资源、环境、生态的矛盾也日趋尖锐。因此，我国"十二五"规划提出了"建设资源节约型、环境友好型社会"的战略目标，"十三五"规划提出了"加快改善生态环境""大力发展循环经济""生态优先、绿色发展"等战略目标，进一步强调要"加快建设资源节约型、环境友好型社会"。

"民以食为天，食以安为先"，改革开放以来，我国现代农业加快发展，物质技术装备水平不断提高，农业资源环境保护与生态建设力度不断加大，农业农村经济发展成就显著。我国是农业大国，农业关乎国家食物安全、资源安全和生态安全，农产品质量安全事关人民群众身体健康，事关农业发展和农民增收。"十三五"时期，我国农业发展进入农业发展方式转变和农业产业结构调整的关键时期。2015 年，农业部、国家发展改革委、科技部、财政部、国土资源部、环境保护部、水利部和国家林业局联合发布的《全国农业可持续发展规划（2015—2030 年）》指出，要牢固树立生态文明理念，坚持产能为本、保育优先、创新驱动、依法治理、惠及民生、保障安全的指导方针，加快发展资源节约型、环境友好型和生态保育型农业，切实转变农业发展方式，从依靠拼资源消耗、拼农资投入、拼生态环境的粗放经营，尽快转到注重提高质量和效益的集约经营上来，确保国家粮食安全、农产品质量安全、生态安全和农民持续增收，努力走出一条中国特色农业的可持续发展道路。"十三五"规划提出"加快转变农业发展方式，着力构建现代农业产业体系、生产体系、经营体系，提高农业质量效益和竞争力，走产出高效、产品安全、资源节约、环境友好的农业现代化道路"，"大力发展生态友好型农业"。2017 年《中共中央　国务院关于深入推进农业供给侧结构性改革　加快培育农业农村发展新动能的若干意见》

（中发〔2017〕1 号）要求推进农业供给侧结构性改革，在确保国家粮食安全的基础上，紧紧围绕市场需求变化，以增加农民收入、保障有效供给为主要目标，以提高农业供给质量为主攻方向，优化农业产业体系、生产体系、经营体系，提高土地产出率、资源利用率、劳动生产率，促进农业农村发展由过度依赖资源消耗、主要满足量的需求，向追求绿色生态可持续、更加注重满足质的需求转变。党的十九大强调，要以保障农产品有效供给、促进农民持续较快增收和农业可持续发展为目标，提高农业发展质量效益和竞争力，走出一条产出高效、产品安全、资源节约、环境友好的农业现代化道路。

发展现代绿色农业，是实现绿色经济效益，实现农业、社会和生态环境和谐发展、建设社会主义新农村的必要手段，是实现"五位一体"战略布局、建设美丽中国的必然选择，是中国特色新型农业现代化道路的内在要求。

根据《北京市 2017 年国民经济和社会发展统计公报》的数据，2017年，北京人均地区生产总值为 12.9 万元，超过 2 万美元，按照世界银行的标准，已经达到中等发达国家（地区）的水平。尽管 2017 年北京市农业增加值占全市 GDP 的比重已经下降为 0.4%，但是作为首都以及全国政治中心、文化中心、国际交流中心和科技创新中心，北京对鲜活安全农产品需求大，同时，市民不仅有优质安全的农产品需求，还有休闲、观光、家庭园艺等需求。因此，农业在北京市食品供给、健康营养、城市应急保障、生态屏障、生态景观、观光休闲等方面的地位越来越突出，环保生态、提质增效的要求越来越高。发展现代绿色农业，是北京农业和整体经济可持续发展的必然要求，是建设国际一流的和谐宜居城市、实现首都城市战略定位的前提条件。

党的十八大提出了"五位一体"的总体布局、"四化同步"和城乡一体化的发展思路，把生态文明建设与经济建设、政治建设、文化建设、社会建设并举，把农业现代化与工业化、信息化、城镇化并重。党的十八届五中全会提出全面推进和落实创新、协调、绿色、开放和共享五大发展理念。就农业而言，协调发展，就是要促进农业内部协调发展，促进农村第一、第二、第三产业协调发展，促进城乡区域协调发展；绿色发展，就是要立足资源可承载能力和环境可容纳能力，提升农业生态功能，扩大城乡绿色空间。党的十九大要求，实施乡村振兴战略，坚持农业农村优先发展，按照产业兴旺、生态宜居、乡风文明、治理有效、生活富裕的总要求，建立健全城乡融合发展体制机制和政策体系，加快推进农业农村现代化。

北京是我国的政治中心、文化中心、国际交流中心和科技创新中心，建设国际一流的和谐宜居之都是北京城市发展的核心定位。北京都市现代农业发展要以服务城市核心功能为前提，找准发展定位，寻求发展机遇和提升路径，着力构建与首都功能定位相一致的都市现代农业体系，开发农业生态、生活、生产、示范等功能。北京都市型现代绿色农业已有 10 多年的发展历史，具有资本充足、高端科技要素密集、需求多样、高端市场巨大等独特的优势（《北京农业产业融合发展研究》课题组，2016）。与此同时，北京绿色农业发展还面临着缺水少地、资源环境约束严重等问题，基础相对薄弱。北京要建设"资源节约型、环境友好型"城市，调整疏解非首都功能，优化三次产业结构，推动第一、第二、第三产业深度融合，重点之一在农村，难点之一在农业。金融是一国经济的核心，将资源和环境保护变量纳入金融服务功能范畴的绿色金融是发展绿色农业的强有力支持。因此，结合目前北京社会经济发展目标，完全有必要将"绿色农业"和"绿色金融"统一起来。

但是，绿色农业金融还是新生事物，而农村中小企业和农户融资约束问题的解决更是一个复杂的系统工程，因此无论是在理论层面上还是在实际操作层面上，绿色农业金融发展都存在很多亟须解决的问题。绿色农业金融服务模式、运行机制和保障体系等还需要深入研究。这是本书把"北京绿色农业金融发展机制"作为研究对象的意义所在。

1.2 基本概念

1.2.1 都市农业

1.2.1.1 国外都市农业概念溯源

"都市农业"英文为 Agriculture in City Countryside，原意指"都市圈中的农地作业"，即在大城市里留有的一些由城市居民耕作的农地作业。在研究和实践中，类似的概念有"Metropolitan Agriculture"（都市农业）、"City Agriculture" "Urban Agriculture"（城市农业）、"Community Garden"（市民农园）、"City Farm"（城市农庄）等，随着社会经济生活的变化，市内农地的功能开始扩展到城郊农业（Peri‑urban Agriculture），"都市农业"的概念和内涵也不断拓展。

1826 年德国经济学家杜能在《孤立国同农业和国民经济的关系》一文中提出"农业圈"理论，1898 年英国社会活动家提出"田园城市"概念，这被视为都市农业思想的启蒙，奠定了都市农业的理论基础（徐长春，2017）。1919 年，德国学者提出了"市民农园"的发展模式。1930 年，日本农业技师宫前仪嗣在《大阪府农会报》上将都市农业定义为"以易腐败而又不耐储存的蔬菜生产为主，同时又有鲜奶、花卉等多样化的生产经营"。1935 年，日本学者青鹿四郎在《农业经济地理》一书中首先提出了"都市农业"（Urban Agriculture）的学术名词"所谓的都市农业，是指分布在都市工商业区、住宅区等区域内，或者是分布在都市外围的特殊形态的农业。即在这些区域内的农业组织依附于都市经济，直接受都市经济势力的影响。主要经营奶、鸡、鱼、温室观赏植物、鲜菜、果树等生产，专业化生产程度较高，同时又包括稻、麦、畜牧、水产等的复合经营。都市农业的范围一般是都市面积的 2~3 倍，集约化生产程度很高"（青鹿四郎，1935）。自 20 世纪 50 年代开始，一些美国经济学家构筑了现代都市农业的理论体系，提出了相似的概念，如 1959 年欧文·霍克提出的"都市农业生产区域"，1969 年约翰斯顿和布鲁斯提出的"都市农业生产方式"等，认为都市农业是在都市周边地区和都市楔形农业上发展园艺、绿地、果树业等（方志权，2000）。1977 年，美国农业经济学家艾伦·尼斯在《日本农业模式》一文中提出了较为完整的"都市农业"概念，即在都市化地区，利用田园景观、自然生态及环境资源，结合农林牧渔生产、农业经营活动、农村文化及农家生活，为人们休闲旅游、体验农业、了解农村提供场所，是将农业的生产、生活、生态"三生"功能融为一体的产物（舒尔茨，1991；库茨涅兹，2005）。20 世纪 80 年代后，随着"亚洲四小龙"经济的腾飞，东亚地区城市化进程加速推进，日本、韩国、新加坡等国家的农业专家相继开展了与"都市农业"有关的学术研究和讨论，并将"都市农业"概念的外延不断完善。"都市农业"的概念迅速普及，在世界范围内被广泛接受。日本农政经济学家桥本卓尔将都市农业的内涵归纳为以下五点：（1）都市农业是都市内部及其周边地区的农村受城市膨胀的影响，或是在农村城市化进程中受席卷而形成的一种农业形态；（2）都市农业是被都市包容的、位于都市中的农业；（3）都市农业最容易受城市扩张影响，但又最容易受益于城市基础设施完备，因此是双重意义上的"最前线"的农业；

（4）都市农业是城市建设发展占地和居民住宅建设占地等同时并存、混杂、相嵌的农业；（5）都市农业如果放任自流就有灭亡的危险，因此是需要加以有计划保护的农业（桥本卓尔，1995）。加拿大国际发展研究中心（IDRC）环境与自然资源部专家 Mougeot（1999）认为，都市农业是位于城镇、城市或大都市边缘，对城市或城市周边的自然资源加以循环利用，同时充分利用城市内或城市周边的人力资源、产品和服务，为城市生产、加工各种食物、非食物产品或服务的产业（张雅光，2009）。1992 年联合国开发署成立了都市农业扶持小组，1996 年 3 月又成立了全球都市农业部，广泛开展都市农业的研究与推广工作，联合国开发计划署对都市农业的定义是：位于城市内部和城市周边地区的农业，是一种包括从生产（或养殖）、加工、运输、消费到为城市提供农产品和服务的完整经济过程（吴建寨等，2017）。

1.2.1.2 国内都市农业概念的提出和发展

一般认为，我国都市农业的提出与实践始于 20 世纪 90 年代初经济发达的上海、北京等地（徐长春，2017）。

20 世纪 80 年代末 90 年代初，上海农业科研机构率先将"都市农业"这一概念引入国内（张雅光，2009）。李永强等（1999）认为，都市农业是指地处都市及其延伸地带，紧密依托并服务于大都市的农业，它是适应现代化都市生存与发展的需要而形成的现代化农业的综合概念，集高效型生产农业、能形成良性循环的生态农业和可持续发展农业于一体，对内为城市经济的发展提供服务功能，对外则为整个农业和农村经济的现代化发挥示范带头作用。曹林奎（2001）认为，都市农业是都市经济发展到较高水平时，随着农村与城市、农业与非农产业等的进一步融合，为适应都市城乡一体化建设需要、在都市区域范围内形成的具有紧密依托并服务于都市的、生产力水平较高的现代农业生产体系。于战平（2001）认为，都市型农业是指处于都市市区或其周边地带，与都市的经济、文化、生态等诸多方面互利互助、融为一体，并具有经济性、生态性、文化性等多种功能的可持续型现代农业。

1994 年，上海市政府提出建立与国际大都市相适应、具有世界一流水平的现代化都市型农业的构想，并在国内率先将发展都市农业列入本市"九五"规划和 2010 年国民经济发展规划纲要。1995 年，上海市与日本大阪府联合开展都市农业国际合作研究，1996 年在上海召开"上海市—大阪府都市农业国际研讨会"，将都市农业的学术概念引入国内。1998 年，上海提出：未来上海农业发展的基本方向是"促进城郊型农业向都市型农业转变"，上海由此开始了都市农业建设实践和探索。2012 年 4 月，全国首届都市现代农业现场会在上海举行。2015 年上海获批整建制创建国家现代农业示范区，制订了"三年行动"计划，上海现代都市农业的发展进入了新阶段。1998 年，北京召开了首次"全国都市农业研讨会"，回顾了国内都市农业发展情况，探讨了未来国内都市农业发展的方向和重点。1999 年和 2001年"全国都市农业研讨会"分别在上海和深圳召开。2005 年，在武汉举行了全国都市农业可持续发展论坛。目前，我国大中城市都已将都市型农业发展纳入城市发展总体规划中，据不完全统计，已有超过 170 个中小城市提出了发展都市型农业的构想，有近 90 个城市编制了都市型农业相关规划或出台了都市型农业发展的政策意见（王晓君等，2017）。

1.2.2 绿色农业

绿色农业是指在经济和环境协调发展原则下，总结吸收各种农业生产方式的成功经验，按生态学、生态经济学原理，应用系统工程方法建立和发展起来的农业体系。它要求把粮食生产与多种经济作物生产相结合，把种植业与林、牧、副、渔业相结合，把大农业与第二、第三产业发展相结合，把传统农业和现代科学技术相结合，通过人工设计生态工程，协调经济发展与环境之间、资源利用与保护之间的关系，形成生态和经济的良性循环，实现农业的可持续发展。

从世界范围来看，20 世纪 60 年代之后，西方发达国家开始提出绿色农业和生态农业的概念。进入 21 世纪后，为了能够以有限的耕地来生产满足世界人口的粮食，农药及化学饲料被引入农牧业生产。由于技术上的不成熟，化学制剂的危害逐渐凸显出来，食品安全成为主要问题。鉴于日益严峻的环境和资源问题，世界各国承诺共同走可持续发展道路。绿色农业由于其科学地利用原料、废料，使原来无法利用的部分变废为宝，不仅减少了化肥饲料等的使用，而且保护了环境，保障了食用者的健康安全，对于保护环境和资源、消除传统农业的负面影响、促进农业可持续发展起到了积极的作用。在发达国家开展绿色农业的同时，发展中国家也开始了生态农业的实践。

绿色生态农业作为一种新农业理念，于 20 世纪 70 年代末被引入我国。1981 年，我国召开了生态工程学术讨论会，会上提出生态农业就是农业生态工程。1991 年 5 月，农业部、林业部、国家环保总局、中国生态学会和中国生态经济学会在河北省迁安县联合召开了生态农业（林业）县建设经验交流会，认真交流了生态农业县的试验活动，把我国的生态农业建设推进到新阶段。2003 年 10 月，在联合国亚太经社理事会主持召开的"亚太地区绿色食品与有机农业市场通道建设国际研讨会"上，我国提出了"绿色农业"的理念。

1.2.3　都市绿色农业

随着我国城市化的发展，城市居民对鲜活安全农产品的需求日益增大，市民不仅有营养健康、优质安全等方面的需求，还有休闲、观光、家庭园艺等方面的需求。农业在城市食品供给、健康营养、城市应急保障、生态屏障、生态景观、观光休闲等方面的地位越来越突出。但在我国农业农村经济发展过程中，出现了农业资源过度开发、农业投入品过量使用、地下水超采以及农业内外源污染相互叠加等一系列问题。2017 年 5 月，第七届现代都市农业高层论坛在北京召开，会议指出，在现代城市建设下，城市消费市场对健康农副产品的需求量不断增加，"田园城市"的建设理念逐步深入人心等，都为都市农业的发展带来了新的机遇。但同时都市农业也面临郊区城市化进程不断加快、土地资源更加稀缺、生态环境污染加剧等挑战。发展现代绿色农业，是实现绿色经济效益，实现农业、社会和生态环境和谐发展，建设社会主义新农村的必要手段，也是建设宜居城市、实现城乡和谐的前提条件。

综合对都市农业和绿色农业的概念界定，本书认为，都市绿色农业是一个以人们现代生活需求、社会发展需要为导向的多元化产业形态和多功能产业体系，是在都市经济发展到较高水平时，农村与城市、农业与非农产业不断融合过程中，在工业化城市外部周边地区发展起来的，紧密依托城市提供的科技成果及现代化生产资源进行生产并服务于城市，适应现代化城市生存与发展需要，集经济效益、社会效益、生态效益于一体，为城市居民提供优良农副产品和优美生态环境，让农业、农民和农村更多地分享技术进步和产业融合效益的高度规模化、集约化、产业化、科技化、市场化、生态化、多功能、多形态的农业第一、第二、第三产业融合发展的现代高级农业形态。

1.2.4 绿色金融

绿色金融是 1987 年世界环境与发展委员会在《我们共同的未来》报告中提出可持续发展理念之后发展起来的一个新的金融概念，是指通过金融业务活动引导经济主体和社会资源关注生态平衡，减少环境污染，保护和节约资源，最终实现经济与人类社会可持续发展，与之相关的概念是环境金融、生态金融、可持续金融和碳金融等。一般来讲，绿色金融是在各种金融活动中，考虑资源因素、生态因素和环境因素的潜在影响，通过各种金融制度安排及机构、市场、产品和服务，引导社会经济主体和社会经济资源流向节能减排、环境保护、绿色农业、绿色制造、绿色消费和绿色服务等绿色产业，支撑绿色产业的发展和传统产业的绿色改造。绿色金融是传统金融的变革与再造，其目的是实现金融活动和发展与环境保护、生态平衡相协调，最终实现经济、人类、社会可持续发展和金融业自身可持续发展的双赢。

绿色金融包含两层含义：一是金融机构在经营活动中，注重环保意识，依靠金融手段和金融创新影响社会经济主体和社会经济资源的投融资取向，为绿色经济发展提供相应的金融服务，促进新型绿色生态产业的发展和传统产业的绿色改造，实现环境资源保护与经济协调发展；二是金融机构在经营活动中，引入可持续发展战略，改变过去重数量、轻质量的金融增长模式，不再局限于眼前利益，而是关注绿色利润，形成节约资源、降低消耗、增加效益的可持续的金融发展模式。因此，绿色金融在推动绿色经济发展的同时，也为金融业的可持续发展提供了新的方向、内涵和机遇。

1.2.5 供应链和供应链金融

供应链（Supply Chain）是 20 世纪 80 年代从扩大生产概念发展而来的一个概念。早期供应链思想局限于企业内部操作，仅将供应链认为是制造企业的一个内部过程，即将采购的原材料和收到的零部件，通过生产的转换和销售等过程传递到制造企业的用户的过程；此后，供应链思想注意了供应链的外部环境和与其他企业的联系，将之定义为通过链中不同企业的制造、组装、分销、零售等过程将原材料转换成产品到最终用户的转换过程（林勇和马士华，1998），将供应链视为从供应商、制造商、分销商、零售商，直到最终用户每一环节连接而成的整体的结构模式，连接的基础就是前馈的信息流和反馈的信息流与物料流（Phillip 和 Wendell，1996）。之后的供应链概念更加注重围绕核心企业的网链关系，包括核心企业与供应商、供应商的供应商乃至与一切前向的关系，与用户、用户的用户及一切后向的关系（林勇和马士华，1998），认为供应链是围绕核心企业，通过信息流、物流和资金流，从采购原材料、配套零件开始，制成中间产品以及最终产品，最后由销售网络把产品送到消费者手中，将供应商、制造商、分销商直到最终用户连成一个整体的功能网链结构（马士华等，2000）。

供应链金融就是指金融机构从整个供应链的角度出发，根据交易中构成的链条关系和行业特点，围绕供应链中的核心企业，开展单个企业融资、链条上下游段落融资和"产—供—销"链条整体融资，有效整合物流、信息流和资金流，实现相关企业的责任捆绑，解决银企信息不对称和中小企业担保抵押缺失问题，实现供应链上信用的相互融合和资金的平衡分配，帮助处于相对弱势的上下游中小企业快速成长，实现整个供应链增值，提升整个供应链乃至整个产业竞争力的一种融资模式。

1.3 国内外研究现状

1.3.1 农村金融理论及政策主张的发展脉络

农村金融理论是金融发展理论的重要组成部分，主要包括农业信贷补贴理论（农业融资理论）、农村金融市场理论和不完全竞争市场理论三个流派。20 世纪 90 年代末随着小额信贷的发展又产生了作为分支的小额信贷（Microcredit）/微型金融（Microfinance）理论。

1.3.1.1 农业信贷补贴理论

供给主导型的农业信贷补贴理论（农业融资理论）是 20 世纪 80 年代以前，农村金融理论中的主流理论。该理论认为：（1）农村居民，特别是贫困农民没有储蓄能力，因此农村地区存在广泛的资金短缺问题；（2）由于农业的产业特性（收入的不确定性，投资的长期性、低收益和分散性，分散风险的机会有限等），农业和农村地区不是以利润为目标的商业金融机构的融资服务对象；（3）高利贷和一般以高利率为特征的非正规金融阻碍了农业生产的发展。该理论提出了信贷供给先行的农村金融发展战略：（1）政府介入农村金融市场，建立非营利性的农村金融机构从外部向农村注入政策性资金，促进农业生产和缓解农村贫困；（2）实行低于其他产业的贷款利率，以此缩小农业与其他产业之间的结构性收入差距；（3）引入政府贴息贷款将高利贷者逐出市场。农业信贷补贴理论有相当的实践价值。发展中国家在20世纪60~70年代普遍设立各种专门的农业金融机构，注入政府大量补贴的廉价信贷资金，在一定程度上促进了农业生产的增长。

但是，农业信贷补贴理论存在固有的缺陷：（1）低利率政策使信贷机构无法动员农村储蓄建立自己的资金来源，从而过度依赖外部（财政）资金；（2）低利率和信贷需求与信贷供给之间的不均衡导致了信贷配给：在市场经济条件下，利率补贴导致了寻租和腐败现象，利率补贴的受益人主要是能够支付更高租金的富裕群体，而不是农村穷人，信贷资金分配集中偏向农村中上阶层（Gonzalea‑Vega，1992）；（3）贴息贷款的福利性和政府隐性担保容易导致借款者故意逃债的道德风险，加上信贷机构缺少监督借款者投资和偿债行为的动力，从而造成较低的资金回收率；（4）过低的利率无法补偿信贷机构发放贷款的高成本，损害了其自我可持续发展能力。农业信贷补贴理论的固有缺陷，使根据该理论的实践在建立有效率的农村金融体系和能够可持续自我发展的金融中介机构表现差强人意。

1.3.1.2 农村金融市场理论

20世纪80年代以后，放松管制和金融自由化成为金融制度演进的主流（龚明华，2002），在罗纳德·麦金农（1973）和爱德华·肖（1973）提出的"金融抑制"和"金融深化"理论基础上发展起来的、强调市场力量的农村金融市场理论，逐步取代农业信贷补贴理论成为主流理论。农村金融市场理论的前提是：（1）农村居民和贫困阶层具有储蓄的潜在能力，没有必要从外部向农村注入资金；（2）低息政策不能有效激励人们存款，影响了存款总量的扩张和结构构成，抑制了金融发展；（3）农村金融机构过度依赖外部资金是造成贷款回收率低下的重要原因；（4）由于农村资金拥有较高的机会成本和风险费用，非正式金融的高利率具有一定的合理性。农村金融市场理论强调市场机制，反对政策性金融，认为垄断的市场难以有效分散风险，更不能有效配置资源（张晓山和何安耐，2006）。该理论认为：（1）农村金融机构的最大作用在于农村内部的金融中介，而关键在于动员储蓄和平衡资金供求，因此利率必须由市场决定；（2）要根据金融机构的成果、经营的自立性和可持续性来判断农村金融的成功与否；（3）没有必要实行为特定群体服务的定向贷款制度；（4）非正规金融具有一定的合理性，不能一概取消，而应该将正规金融和非正规金融结合起来。农村金融市场理论强调市场机制的作用这一点无疑是正确的，但是由于该理论认为农村金融市场应该完全市场化，这一点与很多发展中国家的现实存在较大差异，因此其实践效果并不理想（雷启振，2010）。

1.3.1.3 不完全竞争市场理论

20世纪90年代，赫尔曼、默多克和斯蒂格利茨等根据发展中国家金融自由化的经验和教训，提出了金融约束理论，该理论认为在现实经济生活中，由于信息不对称等市场缺陷，金融市场不能有效运行和有效配置资源，因此政府有必要进行适当干预，通过制定一系列金融政策，为金融部门和生产部门创造租金的机会，通过"租金效应"和"激励作用"，规避潜在的逆向选择行为和道德风险，鼓励创新，维护金融稳定（马雪彬和邓汉华，2008）。不完全竞争市场理论就是金融约束理论在农村金融领域的运用，其主要观点是：（1）农村金融市场不是一个完全竞争的市场，特别是在借贷双方之间存在着严重的信息不对称，信贷机构无法充分掌握借款人的信息，逆向选择和道德风险问题严重；（2）完全依靠市场机制无法培育完善的农村金融市场；（3）为了弥补市场的失灵，需要采取诸如政府适当介入金融市场以及借款人的组织化等非市场要素方式来改善农村金融市场存在的信息不对称、市场不完全、合约不完备的情况。不完全竞争市场理论认为农村金融体系改革的关键在于变革原来的管制框架，建立起具有完善的体制结构、促进竞争、能够有效运行的农村金融市场。该理论认为政府要"选择性干预"，即选择正确的方式和手段，有效干预农村金融市场，从而完善市场体系，促进市场机制的发挥。政府首先应建立一个有利于农村金融中介服务的最佳环境，排除阻碍农村金融市场有效运行的障碍。政府资金应首先用于金融机构基础设施建设，在此基础上，可以在不损害金融机构动员储蓄能力的前提下从外部供给资金，并逐步取消补贴使贷款集中面向小农户，以及放开利率使农村金融机构实现自我可持续发展。

1.3.1.4 小额信贷/微型金融理论

自20世纪70年代以来，旨在为农村低收入阶层提供金融服务的小额信贷/微型金融全球兴起。以Stiglitz（1990）为代表，一批经济学家运用信息经济学、博弈论和契约理论对小额信贷的运行机制展开研究，形成了小额信贷/微型金融理论。在此理论产生之前小额信贷实践是建立在农业信贷补贴论基础上的，强调向穷人提供便宜的资金，但因为忽略了机构的可持续自我发展而难以为继；小额信贷/微型金融理论基于不完全竞争市场理论，强调利用借款人联保机制、借款人互助合作、借款人的相互监督等激励机制克服农村金融市场上的信息不对称和抵押物缺失问题；同时，小额信贷/微型金融理论认为小额信贷/微型金融机构应争取实现可持续性和削减贫困的双赢，在此前提下，政府可给予其一定的特殊政策，如税收优惠和放松利率限制等。

1.3.2 绿色金融相关研究

国外对绿色金融的研究和政策体系建设已经开展得比较深入，并取得了相当成果：（1）研究金融业与可持续发展的关系，指出绿色金融在可持续发展中的重要性，如 White（1996）、Jeucken（2001）、Labata（2002）、Gradel 和 Allenby（2003）；（2）银行业发展绿色金融的必要性，如 Montes（1998）、Lundgren 和 Catasus（2000）；（3）银行业发展绿色金融的环境评估标准和相关政策，如亚洲开发银行（1997）、世界银行（1999）、美国环保署（1998）、联合国环境规划署金融自律组织（1997）、世界 10 大金融机构发起的"赤道规则"（2003）、联合国全球契约组织的"责任投资原则"（2006）；（4）银行业发展绿色金融效果的实证研究，如 UNEP（2002）、Weber、Fenchel 和 Scholz（2006）、Scholtens 和 Dam（2007）等（基本上证明是正面效应）。但专门针对绿色农业金融的特定角度的研究较少。

国内陶士贵（1995）较早提出金融业与环保业相结合的建议，其后的研究主要包括：（1）界定绿色金融的概念，如高建良（1998）、乔海曙（1999）、王军华（2000）、李心印（2006）；（2）分析绿色金融与可持续发展的关系以及发展绿色金融的必要性，如白钦先等（2001）、于永达和郭沛源（2003）、王卉彤和陈保启（2006）、何建奎（2007）、郑良芳（2008）、李中（2011）；（3）分析绿色金融体系（包括绿色信贷、绿色保险和绿色证券）的构建和绿色金融运行机制，如丁军和吴光伟（2006）、张然斌等（2006）、魏加宁（2008）、张雪兰和何德旭（2008）、巴曙松等（2010）、韩立岩等（2010）、阎庆民（2010）、李仁杰（2011）。相对而言，国内对绿色金融的研究在数量上和质量上还相对有限，多限于概念、内涵、必要性等表面层次的研究；对绿色金融，特别是绿色农业金融发展机制的研究多是谈观点想法，或缺乏理论支撑和数据支持，或缺乏可操作性和针对性。

1.3.3 供应链金融相关研究

1.3.3.1 国外研究

国外供应链金融业务开展较早，理论研究成果较多。

（1）供应链金融的法律规范、业务模式、仓储方式、监控方式和业务流程。如 Friedman（1942）、Koch（1948）、Burman（1948）、Dunham（1949）、Eisenstadt（1966）、Vickery 等（2003）、Hofmann（2005）、Michael 和 Lamoureux（2007）等。

（2）供应链金融与中小企业融资。Berger 和 Udell（2004）提出了中小企业供应链融资的一些初步设想及框架；Klapper（2004）、Guillen 等（2007）、Comelli 等（2008）分析了中小企业采用的供应链存货融资模式的机制及功能。

（3）供应链金融与供应链管理。Dan 等（2004）、Douglas（2004）、Bernabucci（2005）指出供应链金融管理是供应链管理的组成部分，合理的管理能够提升企业的运作效率和资金融通效率，以及整体收益；Fellenz 和 Martin（2007）系统研究了供应链管理中的资金流及其成本、风险以及优化和重新组织资金流带来的收益；Aberdeen（2007）、Atkinson（2008）和 Aberdeen（2008）认为供应链金融的核心功能是降低供应链的融资成本和结算成本，优化供应链成本流程；Pfohl 和 Gomm（2009）设计了一个供应链管理的财务框架，并且建立了一个数学模型来解释贯穿整个供应链的金融活动。

（4）供应链金融风险与管理。Barnes - Schuster 和 Bassok（2002）、Caldenety 和 Haugh（2007）认为企业可以通过设计衍生工具来对冲供应链财务风险；Buzacott 和 Zhang（2004）定量研究了一些重要指标（如利率）的确定以及对业务风险的影响；Warren（2004）和 Lai 等（2009）分别从企业和银行的角度论证了支付结算工具的进步和技术解决方案可以规避供应链资金风险；Busch（2008）从市场信用体系不完善、相关主体利益偏差及核心企业缺失等方面探讨了供应链金融的风险聚集特征。

（5）供应链金融未来发展趋势。Barnett（1997）和 Biederman（2004）分析了供应链金融的现状及发展趋势；Rutherg（2002）和 Fenmore（2004）分别以 UPS 和订单融资业务为例介绍了供应链金融创新模式的主要特征；Guerrisi（2001）通过考察物流配送技术和资金转移技术的发展，提出基于互联网的电子货币转移方式将广泛应用于全球贸易链中；Hertzel 等（2008）认为供应链下一步的整合对象将是生产服务者和消费服务者，而其中金融服务提供者是最重要的。

1.3.3.2　国内研究

国内供应链金融发展得比较晚，但已经形成了较为丰富的研究成果，研究多集中在以下领域。

（1）供应链金融概念和融资模式。学者们从不同的研究角度提出和分析了"物资银行"模式（陈淮，1987；任文超，1998；于洋和冯耕中，2003）、"融通仓"模式（罗齐和朱道立，2002；张玉明，2004；李碧珍，2005；郑鑫和蔡晓云，2006）、进口业务模式与出口业务模式（李蓓，2006）、应收账款、保兑仓和融通仓模式（杨清，2005；姬长进，2006；闫俊宏，2007）、"分次赎货"模式（霍艳芳和李敏，2009）、买方客户授信和卖方客户授信模式（巫钢和姚伊娜，2007）、基于应收票据管理的供应链金融创新模式（赵道致和白马鹏，2008）。宋炳方（2008）、陈祥锋（2008）、胡愈和柳思维（2008）、胡剑和李伟杰（2008）、深发展—中欧"供应链金融"课题组（2009）、胡跃飞和黄少卿（2009）、刘林艳和宋华（2011）比较系统地讨论了供应链金融的研究框架和实务操作模式。

（2）供应链金融的作用。张玉明（2004）、李碧珍（2005）、杨绍辉（2005）、李应荣（2007）、闫俊宏和许祥秦（2007）、彭志忠（2007）、张荣刚和梁琦（2007）、赵文杰和王欣（2007）、陈李宏和彭芳春（2008）、陈晓红和陈建中（2008）、赵道致和白马鹏（2008）、张晓涛（2008）、丁汀和李雪梅（2009）、刘梅生（2009）、刘峰（2009）、赵亚娟等（2009）、王化争和彭志忠（2010）、夏泰凤和金雪军（2011）分析了供应链金融解决中小企业融资难问题的机制；宰予东（2004）、袁红和王伟（2005）、储雪俭（2006）、浦徐进和唐建荣（2007）则从不同角度说明了供应链金融在物流业发展中的重要作用。

（3）供应链金融风险防范与管理。于洋和冯耕中（2003）、杨晏忠（2007）、巫钢和姚伊娜（2007）、吴健等（2007）、乐佳超和谭建伟（2008）、高能斌（2008）、刘长宏等（2008）、胡剑和李伟杰（2008）、冯静生（2009）、李毅学等（2009）、孙建勇等（2009）、孙敏（2010）、徐学锋（2010）定性分析了供应链金融业务的潜在风险，并提出了应对之策。弯红地（2008）、陶凌云和胡红星（2009）、熊熊等（2009）、黄静和赵庆祯

（2009）、孔媛媛等（2010）、芮婧和潘淑娟（2010）、马冬雪和赵一飞（2011）、蔡小哩等（2011）、胡海青等（2011）建立了供应链信用风险评估模型。

（4）供应链金融与农村金融服务。胡俞和柳思（2008）考察了我国现代农村供应链金融组织形式，指出了建立多元利益主体的现代农村供应链金融中心的必要性和可行性。欧永生（2009）、王婷睿（2010）认为应将供应链金融思想引入农村金融服务中，解决农户贷款难问题。

国外已对供应链金融进行了比较全面的研究，但是研究一是偏向于财务供应链管理，对供应链与外界的资本联系（如企业资金约束）研究较少；二是往往以供应链中的核心企业作为主要研究对象，对中小企业关注不够。国内研究则对于供应链金融解决中小企业融资约束问题进行了较多的研究。但二者一个共同的问题是对农业供应链金融的研究相对较少。

总体来说，理论界对金融支持农业发展已经进行了较为深入的研究，形成了很多有价值的理论成果，对于本书有很大的参考意义。但是以绿色农业金融为研究对象，对有效支持绿色农业发展的金融服务机制、模式等问题的研究有待深入。

1.4　研究目标与研究内容

1.4.1　研究目标

本书以实践为依据，以问题为导向，从农业供应链金融视角出发，定位分析提出促进北京绿色农业发展的金融机制，可分解为以下4个子目标。

1. 分析北京市绿色农业和农业金融服务体系发展的历史变迁、现状、存在的问题和原因，识别北京绿色农业企业、农户等经营主体融资困难的症结；

2. 剖析供应链金融克服农业企业、农户等经营主体融资困境的机制；

3. 提出依托农业产业化和农业第一、第二、第三产业融合，供应链金融支持北京绿色农业产业的思路框架和模式设计。

4. 在北京市社会经济结构调整、优化农业生产布局、保障安全农产品有效供给、改善城市生态人居环境的背景下，为促进北京绿色农业发展提供思路。

1.4.2 研究内容

1. 绪论。提出研究背景和研究意义，阐释相关概念和理论基础，梳理相关文献，指出本书研究的切入点。

2. 北京市都市型绿色农业发展历程与现状。分析北京绿色农业及产业化发展的历程、成就和特点等。

3. 北京农业金融发展及供给现状。梳理北京农业金融体系的演化与发展、成就和存在的问题。

4. 北京农业金融体系存在的问题及原因。首先，分析北京农业金融服务供需矛盾；其次，从农业金融市场的固有特点和北京农业金融体制机制两个方面分析北京农业金融体系存在的问题和原因。

5. 供应金融的基本框架。梳理供应链金融的概念、基本模式、融资特点与融资优势。

6. 农业供应链融资机制研究。立足于农业中小企业和农户融资难的根源，分析供应链金融加强信息传递、弱化信息不对称、弱化担保抵押约束、节约交易成本、降低信贷风险的机制。

7. 北京市绿色农业供应链融资模式设计。结合北京绿色农业产业链发展现实，设计北京绿色农业供应链金融框架，提出产业链上单一环节融资、全产业链融资、"龙头企业＋农户"专项贷款、"龙头企业＋合作社＋社员"专项贷款等核心企业主导型、产业集群园区主导型、政府主导型、互联网平台主导型等绿色农业供应链金融模式。

8. 北京发展绿色农业金融的政策建议。在对北京绿色农业金融发展现状评述的基础上，提出下一步发展的政策建议。

2 北京市都市型绿色农业发展历程与现状

2.1 北京市都市型绿色农业发展历程

北京市农业的发展过程经过了传统农业向现代农业、城郊农业向都市农业发展的过程，绿色农业则是在都市现代农业基础上发展起来的。

2.1.1 城郊农业发展阶段（1994 年之前）

1994 年之前，北京市农业的主要功能是向城市提供农产品，保障城市居民的食品供应，农业生产以传统农业为主。改革开放以前，粮食生产是北京市农业的重点，种植业产值占农业产值的比重达到 65% 以上，粮食作物种植面积的比重在 85% 左右。20 世纪 80 年代，北京市农业的主要功能定位是满足城市居民对鲜活农产品、部分粮食及初级加工农产品的需求，在这一时期的农业结构中，种植业比重下降，养殖业比重上升，到 1994 年，北京市种养产值比为 53∶47。

2.1.2 都市农业发展阶段（1994—2005 年）

20 世纪 90 年代中期，北京进入市场经济转型时期。随着城市的发展和人口的增加，郊区有限的农业资源已经无法满足北京城市需求；同时，全国一体化市场格局的初步形成，交通运输业的发展和外埠农产品的进入有力地保障了北京城市农产品的供应。1994 年以后，北京市郊区农业的"菜篮子工程"任务已经基本完成。另外，随着城市居民生活水平和消费需求的进一步提高，农业功能开始由单一功能向良好生态环境、休闲娱乐活动承载基础等多功能转变。1994 年，朝阳区在《北京市朝阳区经济与社会发展"九五"规划》中在全市范围内首次提出了发展都市农业的目标，自此，北京市开始了对于都市农业发展的探索。1996 年，北京市对农业发展提出三个要求：一是发展特色农业，突出发展名、特、优、新产品；二是以市场为导向，实现特色农业经营和生产一体化；三是确保市场供应。1998 年，北京《"九五"时期农村发展规划》明确提出都市农业的发展方向，标志着北京都市型农业进入从规划到实施，从理论到实践的发展阶段（范明，2013）。到 2000 年，北京种植业的粮食、经济作物二元结构已经向粮食、经济作物、饲料饲草三元结构转变，养殖业加快发展，精品农业、设施农业、籽种农业、创汇农业、加工农业、观光农业"六种"农业迅速兴起，旅游业和第三产业快速发展。郊区第一、第二、第三产业比重为 17：40：43（北京市计划工作委员会、北京市农村工作委员会，2001）。在积极调整农业结构，大力发展农业产业化经营，提高农业综合生产能力和比较效益的同时，北京市提出"加强农产品安全生产销售体系建设""积极发展农业高科技产业""加强生态环境建设，构建首都三道绿色生态屏障""经济发展要以绿色产业为主导"（北京市计划工作委员会、北京市农村工作委员会，2001）；"大力发展生态农业……加快发展生态型养殖业……扩大绿色食品生产，建立绿色食品生产基地。加强农业污染防治，减少农药、农膜、化肥等对生态环境的破坏"（北京市人民政府，2001）。2003 年，北京市提出建设以市场需求为导向，以科学发展理念为指导，以现代物质装备和科学技术为支撑，以现代产业体系和经营形式为载体，以现代新型农民为主体，以优良生态、优美景观、优势产业、优质产品为目标的融生产、生活、生态、示范等多种功能于一体的"都市型现代农业"的农业发展核心战略和方向选择。2004 年北京市出台了《关于实施"221 行动计划"推进北京农业现代化的意见》（京政农发〔2004〕7 号），旨在在满足首都生态环境建设需要的前提下，根据市场需求，合理配置资源，大力开发和拓展郊区农业的经济功能、社会功能和生态功能，使生产、生活、环境相协调，社会效益、生态效益和经济效益相统一，实现郊区农业的可持续发展，促进具有国际化大都市特点的都市型现代农业格局的形成（北京市农村工作委员会，2004），该计划有力地推动了北京都市型现代农业的发展。"十五"期间，北京市"实现了农业结构的战略性调整。农业产业化经营水平提高，区域主导产业正在形成，食用农产品安全生产体系和农业标准化生产体系建设加强，培育了一批具有首都特色、满足个性化需求的农产品品牌；农业的生态功能加强"（北京市人民政府，2006）。

2.1.3　都市型现代绿色农业发展阶段（2005—2013 年）

2005 年，考虑到北京市"农业向第二、第三产业延伸，生态旅游、民俗旅游、观光农业成为新的增长点。具有多功能的都市型现代农业格局正在形成"（北京市人民政府，2006）的背景，北京市农村工作委员会在《关于加快发展都市型现代农业的指导意见》（京政农发〔2005〕66 号）中明确界定了北京市"都市型现代农业"的内涵和标准："依托都市的辐射，按照都市的需求，运用现代化手段，建设融生产性、生活性、生态性于一体的现代化大农业系统"，这标志着北京市农业进入都市型现代农业的发展新阶段。2006 年北京市先后出台了《关于发展都市型现代农业的政策意见》（京政农发〔2006〕7 号）、《关于发展设施农业的意见》（京政农发〔2006〕17 号）、《2006 年北京市农村重点工作计划》等，提出北京要建设都市型现代农业，重点发展精品农业、特色农业、优势农业、设施农业、休闲观光农业等都市型现代农业优势主导产业，加快安全食品建设，推进农业生产布局区域化、基础设施现代化、生产过程标准化、经营方式产业化、产品质量品牌化，并提出四个具体的着力点："一是加快发展都市型现代农业。开发农业的生产、生活、生态和示范功能，重点发展籽种农业、循环农业、休闲农业和科技农业。围绕奥运需求，加快开发花卉、园艺、特色果品和精品蔬菜等特色产品。强化科技支撑，实施农业技术重点试验示范项目，推进农业科技入户，提高农业的标准化生产水平。二是积极发展农村非农产业。大力发展农产品加工业和特色手工业。集中规划建设一批乡村旅游精品线路和景区，培育一批接待能力较强的民俗旅游接待户。三是发展山区生态友好型产业。四是推进农村城镇化，带动农村经济发展"（北京市农村工作委员会，2006）。

同时，为了有效改善郊区农民的人居环境和生产生活条件，促进农村节能减排和资源的循环利用，有效缓解郊区人口、资源、环境的压力，北京市于 2006 年起实施了"三起来"工程，即让农村"亮起来"、让农民"暖起来"、让农业资源"循环起来"。

2007 年北京市发布《关于北京市农业产业布局的指导意见》（京政农发〔2007〕25 号），明确了北京都市型现代农业的总体功能及产业布局，指出北京农业要充分发挥其综合功能，与"国家首都、世界城市、文化名城、宜居城市"的城市总体定位相协调。通过调整优化农业产业布局，发挥资源比较优势，深度开发农业的生产、生态、生活和展示功能，促进生态优良、环境优美、产业优势、产品优良，逐步形成农业产业布局科学、结构合理的都市型现代农业格局；同时要大力发展资源节约型和环境友好型的循环经济，在深度开发农业多功能的同时，做好农业资源的循环利用，实现农业可持续发展。同年北京市建立了山区生态林补偿机制，大幅度、长期限提高绿化隔离地区生态林补贴标准，实现山区农民由"靠山吃山"向"养山就业"转变，从而推进山区林业建设，有效保护山区造林绿化成果，提升山区绿色生态屏障建设水平，促进山区经济社会协调和可持续发展。

2008—2010 年北京市连续出台了《关于切实加强农业农村基础建设，进一步促进城乡经济社会发展一体化的若干意见》（京发〔2008〕1 号）、《关于率先形成城乡经济社会发展一体化新格局的意见》（京发〔2008〕30 号）、《北京都市型现代农业基础建设及综合开发规划（2009—2012 年)》（京新农发〔2009〕2 号）、《关于加快发展农产品加工业推进农业产业化经营的意见》（京政办发〔2009〕41 号）、《北京市新农村"三起来"工程建设规划（2009—2012 年)》《关于集中力量统筹城乡，集中资源聚焦三农，全面推进城乡一体化进程的若干意见》（京发〔2010〕4 号）、《关于统筹推进本市"菜篮子"系统工程建设，保障市场供应和价格基本稳定的意见》（京政发〔2010〕37 号）、《北京种业发展规划（2010—2015 年)》《北京市畜牧业发展规划（2010—2015 年)》等一系列政策文件，推进都市型现代农业可持续发展。

"十一五"时期，北京以"开发生产功能，发展籽种农业；开发生态功能，发展循环农业；开发生活功能，发展观光休闲农业；开发示范功能，发展科技农业"为重点，大力发展都市型现代绿色生态农业。2010 年北京市农业的生态服务价值贴现达 8753.63 亿元，比 2009 年增长 1.8%；年产出价值达 3066.36 亿元，比 2009 年增长 3.1%，在年值构成中，直接经济价值为 348.83 亿元，占总价值的 11.4%，比 2009 年增长 4.1%；间接经济价值为 1002.75 亿元，占总价值的 32.7%，比 2009 年增长 7.2%；生态与环境价值为 1714.78 亿元，占总价值的 55.9%，比 2009 年增长 0.6%（北京市统计局、国家统计局北京调查总队、北京市园林绿化局、北京市水务局，2010）。

同期，北京市全面加强农产品质量安全监管，强化无公害农产品、绿色食品、有机食品和地理标志农产品"三品一标"的认证，初步建立了农产品质量安全保障体系、从农田到餐桌全过程监管控制体系以及食用农产品质量安全追溯系统，农产品质量安全水平逐步提升。截至 2010 年底，全市共有 1083 家企业 3770 个产品有效使用"三品"认证标志，占全市主要食用农产品产量的 35%；北京市自产畜禽产品的"瘦肉精"等主要药残抽检合格率连续 6 年保持 100%，蔬菜基地的农残抽检合格率达 99.1%，水产品基地抽检合格率达到 98.3%，生产基地农产品合格率处于全国前列（北京市农村工作委员会、北京市发展和改革委员会、北京市农业局，2012）。

《北京市"十二五"时期都市型现代农业发展规划》指出，"十二五"期间，北京要按照"建设世界城市"与"人文北京、科技北京、绿色北京"的总体要求，"创新北京都市型现代农业的发展模式，深入开发农业多功能，努力挖掘农业新价值，推进农业专业化、规模化、标准化发展，推动资源、资本要素向农业合理聚集……满足市民生活、生态的多元化需求和农民的持续增收要求，为首都经济社会科学和可持续发展提供有力支撑"（北京市农村工作委员会、北京市发展和改革委员会、北京市农业局，2012）。

2.1.4　都市型现代生态高效农业发展阶段（2014 年至今）

2014 年，北京市按照新时期首都战略定位要求，围绕都市型现代农业生产、生活、生态、示范四大功能，出台了《关于调结构转方式、发展高效节水农业的意见》，坚持量水发展、生态优先、提质增效和农民增收四项工作原则，对调整农业结构、转变农业发展方式、增加绿化面积、实现农业节水、促进高效农业发展进行了全面部署。北京都市型现代农业更加强调生态功能。

2016 年 4 月召开的北京市农村工作会议强调："坚持都市型现代农业发展方向，深化供给侧结构调整性改革，让农民群众在绿色发展的道路上阔步奔小康。"《北京市"十三五"时期城乡一体化发展规划》（2016—2020 年）（京政发〔2016〕23 号）提出在"十三五"时期，全面建成都市型现代农业示范区，打造"北京安全农业"品牌，都市型现代农业生态服务价值要达到 11400 亿元；要推动休闲农业和乡村旅游提档升级，加快"种业之都"建设，实施"互联网+"农业建设；要推进农业产业化发展，提高农业科技贡献率、土地产出率、劳动生产率和农产品"三品一标"认证率等。《北京市国家现代农业示范区"十三五"发展规划》和《北京市全市创建国家农业可持续发展试验示范区三年行动计划（2017—2019年）》提出"以绿色生态、规模经营、消费需求为导向"，继续推进创建国家现代农业示范区、国家农业可持续发展试验示范区、国家农产品质量安全示范市、国家（北京）现代种业创新试验示范区。2018年1月16日，农业部和北京市人民政府签署《农业部　北京市人民政府共建北京农产品绿色优质安全示范区合作协议》，旨在通过部市共建，突出优质绿色生产、首都"菜篮子"安全、区域联动、机制创新，把北京市打造成农产品绿色优质安全的标杆样板，示范带动各地推进标准化生产，把品牌树起来，让产业强起来。北京市以此为契机，推动农业全域绿色发展，计划到2020年，打造名优品牌100个、优质品种200个、特优基地1000个，"三品一标"农产品认证覆盖率达到75%以上，农产品质量安全监测抽检合格率达到98%以上，实现质量兴农、绿色兴农、品牌强农的目标，提高农业绿色化、优质化、特色化、品牌化水平（北京市委农村工作委员会，2018）。北京市绿色农业进入新的发展阶段。

2.2　北京市都市型绿色农业发展现状

自2011年以来，北京市坚持都市型现代农业发展方向，积极推进农业结构调整升级，创新都市型现代农业发展机制，加快培育新型生产经营主体，农业内部结构不断优化，农业综合生产能力迈上新台阶，农业发展质量和效益明显提升。农业部通过现代农业经营水平、三产融合发展水平、菜篮子产品保障能力、农业生态可持续发展水平、农业先进生产要素聚集水平5个一级指标和农业劳动生产率等23个二级指标，对全国35个大中城市都市现代农业综合发展水平进行了测算，2014年和2015年北京市现代农业综合发展指数均在全国排名第一，2016年虽略有下降，但也仅在上海之后位居全国第二。

2.2.1　传统农业规模下降

近年来，北京市积极调整农业结构和方式，发展高效生态农业，促生新产业、新动能，农业生产进入数量、质量和安全并重的时期。粮食、生猪、家禽等传统农业规模总体收缩。根据北京市统计局的数据，2016年，北京市第一产业产值 GDP 占比降至 0.51%，但基本经粮作物、蔬菜、牛奶等产量保持稳定，市场供应充足。农林牧渔业总产值为 338.1 亿元，比 2015 年下降 8.2%，其中种植业（含农业和林业）实现产值 197.4 亿元，比 2015 年下降 6.3%；养殖业（含牧业和渔业）实现产值 131.9 亿元，比 2015 年下降 14.9%；粮食播种面积 8.7 万公顷，比 2015 年减少 1.7 万公顷，比 2011 年减少 12.2 万公顷，但粮食亩产 409.9 公斤，比 2015 年增长 2.5%。2016 年生猪总产值为 54.30 亿元，比 2011 年下降 8.6%，家禽饲养总产值为 33.9 亿元，比 2011 年下降 43%（见图 2-1）。

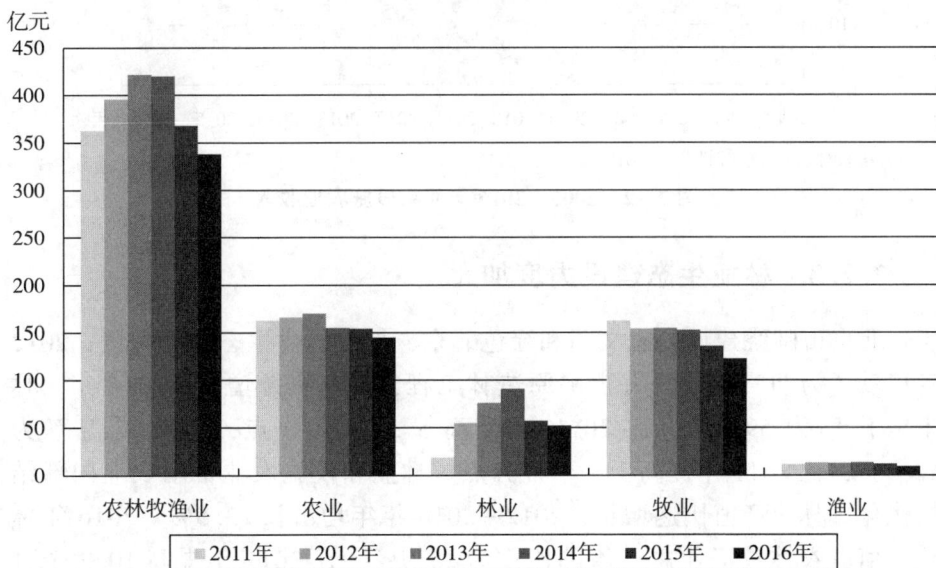

资料来源：《北京统计年鉴 2017》。

图 2-1 2011—2016 年北京农林牧渔业产值

2.2.2 设施农业加快发展

按照"规模化、集约化、智能化、工厂化"的发展思路，北京设施农业综合配套系统和服务体系不断完善，新品种和新技术加快推广运用，2016 年设施农业实现收入 54.37 亿元，比 2011 年增长 19.3%（见图 2-2）。

亿元

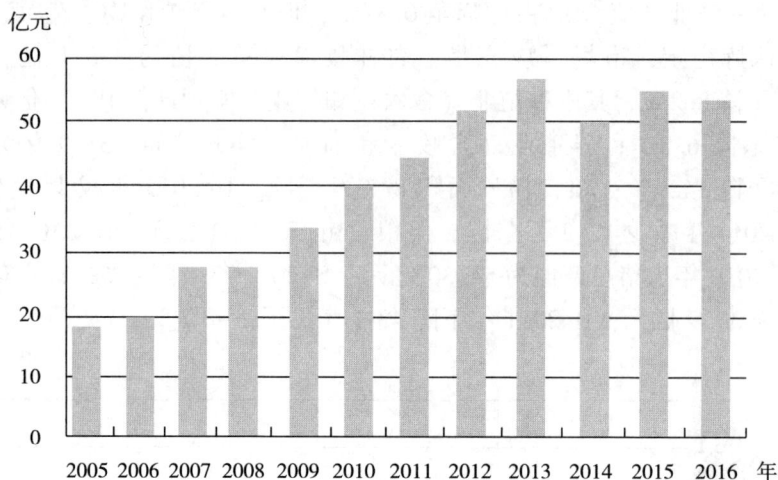

资料来源:《北京统计年鉴2017》。

图2-2 2005—2016年北京设施农业收入

2.2.3 林业生态建设力度加大

北京市围绕建设生态文明和绿色北京,加大林业生态建设力度,2012年启动了为期三年的百万亩平原造林工程,森林资源增多,2016年,林木绿化率为59.3%,比2011年提高5.3个百分点,森林覆盖率为42.3%,比2011年提高4.7个百分点。林业和设施农业带动农业内部结构优化。林业产值快速增长,2012—2016年年均增长22.5%。2016年林业产值占农林牧渔业总产值的比重为15.4%,比2011年提高10.2个百分点(见图2-3)。

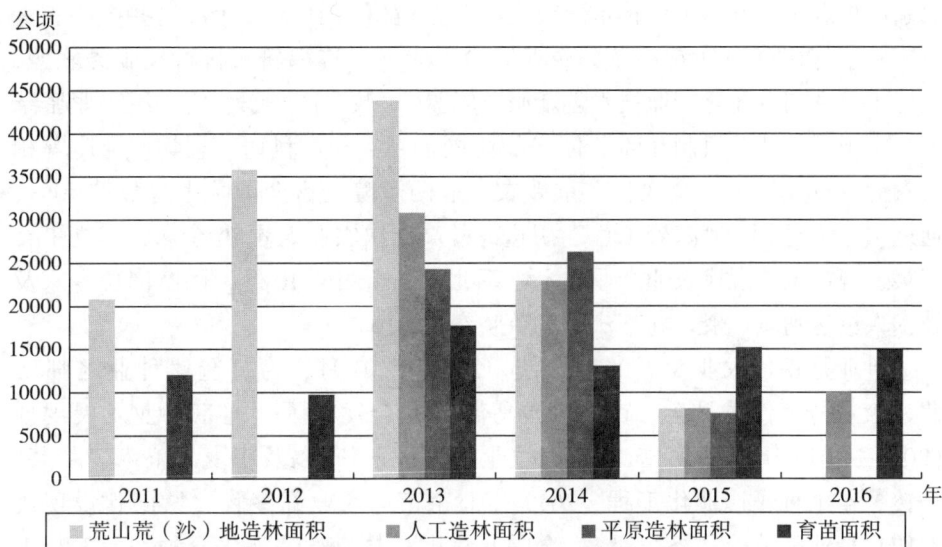

资料来源：《北京统计年鉴（2012—2017）》。

图 2 – 3　2011—2016 年北京造林和育苗面积

2.2.4　现代农业科技支撑体系不断强化

北京市充分发挥科技资源优势，不断加大农业科技创新力度，完善农业技术推广体系，加快农业科技成果转化，对提高农业生产效率发挥了重要的支撑作用。

"十二五"期间，北京市农业新技术、新产品和新装备的研发和推广应用取得长足进步。截至 2015 年底，全市农业技术交易额超过 160 亿元，是"十一五"时期的近 2 倍（李庆国和芦晓春，2016）；2016 年，北京市农业科技进步贡献率达到 71%，比全国平均水平高出 14.8 个百分点。

2010 年 8 月，科技部、农业部和北京市签署协议，共同启动了北京国家现代农业科技城（以下简称北京农科城）建设，旨在将北京打造成为全国农业科技创新中心和现代农业产业链创业服务中心。目前，已经搭建了农业科技网络服务中心、金融服务中心、国际合作交流中心等 5 个国家农业科技支撑服务平台。北京农科城的建设，促进了农业科技资源的有效整合，形成了巨大的创新合力。截至 2016 年底，北京市拥有国家和省部级农业领域重点实验室、工程技术研究中心和企业研发中心 100 余个，其中，国家重点农业实验室 11 个，国家工程技术研究中心 7 个，农业部重点实验室 22 个，北京市重点实验室、工程技术研究中心和企业研发中心 62 个。这些中心和重点实验室与在京中外农业龙头企业联合，成立了首都新农村科技服务联盟，组建了一系列专业化产业技术创新服务联盟，"政、产、学、研、用"紧密结合，实现了科技、机制和商业模式的协同创新。全市科研、教学、推广等相关农业科技人员 2 万余人，在京涉农专业两院院士占全国院士总数的 50%，通过"千人计划""海聚工程"引进海外高层次农业人才 70 余名，建立果类蔬菜、观赏鱼等现代农业产业技术体系北京创新团队 10 个，团队岗位专家及技术人员达到 400 余人（李庆国和芦晓春，2016）。

种业是现代农业发展的生命线。2010 年 10 月，为打造"种业之都"，北京市农村工作委员会、市农业局等部门联合发布了《北京种业发展规划（2010—2015 年）》，实施"2468 种业行动计划"，以及小麦、玉米、蔬菜、马铃薯 4 个种子产业化工程。2012 年北京市与农业部签署《共同建设现代农作物种业战略合作备忘录》，会同北京市农林科学院深化育种平台，与中种集团、北京德农等五家企业共建北京国家现代农业科技城玉米新品种研发联合体，开展"育繁推一体化"的全产业链科技创新，确立了全国种业科技创新中心、企业聚集中心、交易交流中心和发展服务平台"三中心一平台"，仅 2012 年，建设产业研发中心 8 个、功能研究室 35 个、综合试验站 43 个，开展技术研发 210 项，示范技术 170 项次，推广技术 218 项次（北京市农村工作委员会，2013）。

目前，北京市已形成以种业为主导的农业科技型产业。截至 2015 年底，全市拥有种业研发机构 80 多家，专业育种者 1000 多人，保存国家级种质资源 40 余万份，列世界第二位；全国种业前 10 强中北京有 3 家，全球 10 强种业巨头有 8 家在京建立研发机构或分支机构；在全国率先建设北京农科城种业科技成果托管平台；连续 5 年实施小麦、玉米、蔬菜、马铃薯 4 大种子产业化工程，每年育成各类粮食、蔬菜新品种 400 余个（北京市农村工作委员会，2016a）；主导完成了世界首张西瓜基因序列图谱，研制出世界首个水稻全基因组芯片，建成了世界最大的玉米标准 DNA 指纹库。育成的"京葫 36 号"西葫芦新品种，打破了国外的长期垄断；京红、京粉系列蛋种鸡销量世界第一；冷水鱼种苗的市场占有率达到 40% ~ 50%（李庆国和芦晓春，2016）。

为缓解水资源短缺，北京市大力推广应用高效节水设施和农艺节水技术，仅 2015 年，就建立了 30 个粮食和 78 个蔬菜瓜果高效节水示范区，示范推广微灌施肥技术模式和覆膜沟灌施肥技术 2 万亩（北京市农村工作委员会，2016b）。全市九成农田实现了节水灌溉，农业灌溉水利用系数由 2001 年的 0.56，提高到 2015 年的 0.705；全市农业用水量由 2001 年的 17.4 亿立方米，降低到 2015 年的 6.45 亿立方米（李庆国和芦晓春，2016）。

2.2.5 都市型现代农业生态服务价值不断增长

根据北京市统计局、国家统计局北京调查总队、北京市园林绿化局、北京市水务局等部门的测算，2016 年，北京市森林、农田、草地、湿地四大生态系统的生态服务价值总值达 3530.99 亿元，比 2015 年增长 1.43%，比 2011 年增长 8.93%。从构成农业生态服务价值年值的三个部分看，直接经济价值为 396.40 亿元，比 2015 年增长 3.07%，占总价值的 11.2%；间接经济价值为 1149.83 亿元，比 2011 年增长 7.12%，占总价值的 32.56%；生态与环境价值为 1984.75 亿元，比 2015 年增长 9.92%，占总价值的 56.12%。直接经济价值中占 85.28% 的农林牧渔业总产值同比下降 8.2%；休闲农业和郊区旅游持续活跃，带动文化旅游服务价值同比增长 9.56%，对间接经济价值的贡献率达 64.59%；全市大力开展水源地保护、水生态修复、水土保持、湿地恢复、造林绿化等生态建设工程，生态环境持续改善，同时，2016 年全市平均降水量达 680.6 毫米，较 2015 年增加 82.5 毫米，为各大生态系统提供生态服务创造了有利条件，生态与环境价值实现较大幅度增长（见表 2-1）。

表 2-1　　　2011—2016 年北京市都市型现代农业生态服务价值　　　单位：亿元

指标	年值					
	2016 年	2015 年	2014 年	2013 年	2012 年	2011 年
都市型现代农业生态服务价值	3530.99	3481.16	3434.57	3449.78	3439.39	3241.58
一、直接经济价值	396.40	384.59	461.47	442.95	419.30	388.76
1. 农林牧渔业总产值	338.06	368.24	420.07	421.78	395.71	363.14
2. 供水价值	58.34	16.35	41.40	21.17	23.59	25.62
二、间接经济价值	1149.83	1290.95	1237.84	1197.36	1149.04	1073.41
1. 文化旅游服务价值	742.69	677.87	630.26	598.31	560.47	499.33
2. 水力发电价值	9.65	5.18	5.17	3.57	3.29	3.38
3. 景观增值价值	397.49	607.90	602.41	595.48	585.27	570.70
三、生态与环境价值	1984.75	1805.62	1735.26	1809.48	7613.73	1779.42
1. 气候调节价值	693.50	593.41	592.57	647.66	1985.41	623.1

续表

指标	年值					
	2016 年	2015 年	2014 年	2013 年	2012 年	2011 年
2. 水源涵养价值	261.15	211.60	150.96	187.26	354.95	179.71
3. 环境净化价值	122.86	113.14	111.42	122.15	922.44	134.83
4. 生物多样性价值	668.05	665.91	666.02	636.11	2197.32	634.53
5. 防护与减灾价值	221.81	206.72	206.11	202.01	1203.16	193.62
6. 土壤保持价值	3.86	1.48	1.43	1.65	7.97	1.26
7. 土壤形成价值	13.53	13.37	6.75	12.64	260.40	12.37

资料来源：北京市统计局、国家统计局北京调查总队、北京市园林绿化局、北京市水务局；2011—2016 年《北京都市型现代农业生态服务价值监测公报》。

2.3 北京市绿色农业产业化发展历程

2.3.1 北京农业产业化初级阶段（1980—1999 年）

20 世纪 80 年代初期到中期，由于农村改革的成功，粮食产量大幅增长，副食品生产稳中有升，北京市农业突破了"以粮食为主的传统农业"的限制和单一粮食种植业结构的局面，着力于满足城市居民对于鲜活农产品及初级加工农产品的需求，农业产业化开始起步，农业生产规模初步形成。20 世纪 90 年代中后期，随着城市居民生活水平和消费需求的进一步提高，北京市提出要以市场为导向发展特色农业，要实现农业经营和生产一体化，"贸工农一体化""产供销一条龙"的农业经营模式兴起，北京农业跳出了传统的初级产品生产的小圈子，初步构建了基于家庭经营基础、适应现代市场体制、走向社会化和商品化生产的持续高效的现代农业格局，涌现了一批以粮食产业和农产品加工业为主的农业产业化龙头企业，农业产业链不断延伸，产业规模不断做大，农产品附加值不断提高。

2.3.2 北京农业功能拓展阶段（2000—2009 年）

2000 年，北京市精品农业、设施农业、籽种农业、创汇农业、加工农业、观光农业"六种"农业已经初具规模，旅游业和第三产业快速发展，因此，2001 年北京市提出，在未来五年内要"大力发展农业产业化经营。建设龙头企业联合合作组织、合作组织带动农户的农业产业化体系。以农业产业化经营促进农业结构调整向深度发展"（北京市计划工作委员会和北京市农村工作委员会，2001），"大力发展农产品加工业，提高加工深度和附加值。引导和鼓励农业生产从产中向产前、产后延伸"（北京市人民政府，2001），采取的主要举措包括：（1）重点培育带动能力强、具有竞争优势的大型龙头企业和能够带动农业产业结构升级优化的农产品加工龙头企业；（2）培育和扶持农民专业合作经济组织，探索和创新农村社区合作组织，加强农产品运销、加工、储存、保鲜等环节的合作；（3）加强产地批发市场建设，完善农产品市场体系；（4）重点发展大兴、通州、顺义、平谷、延庆蔬菜带，以及以名优产品为主的瓜类生产；（5）积极发展农业高科技产业，大力推进科技成果的产业化，以农业高新技术示范园区为基地，引进和培育农业高新技术企业，重点建设昌平小汤山现代农业科技示范园、锦绣大地农业示范园、顺义三高农业示范区等（北京市计划工作委员会和北京市农村工作委员会，2001）。

随着经济社会的快速发展、人民生活水平的不断提高和消费需求的日益多元化，2003年，北京进一步明确新形势下的农业定位，拓展农业新功能，提升市场竞争能力，提出建设以市场需求为导向，以现代产业体系和经营形式为载体，融生产、生活、生态、示范等多种功能于一体的"都市型现代农业"的发展核心战略和方向选择，2004年的"221行动计划"旨在进一步提高农业的科技含量、产业化经营和标准化生产水平，进一步推进农业产业结构调整。到"十五"计划（2001—2005年）结束时，北京市已经"实现了农业结构的战略性调整。农业产业化经营水平提高，区域主导产业正在形成，食用农产品安全生产体系和农业标准化生产体系建设加强，培育出一批具有首都特色、满足个性化需求的农产品品牌"，"农业向第二、第三产业延伸，生态旅游、民俗旅游、观光农业成为新的增长点。具有多功能的都市型现代农业格局正在形成"（北京市人民政府，2006）。

2006年北京市提出开发农业的生产、生活、生态和示范功能，大力推进农业生产布局区域化、基础设施现代化、生产过程标准化、经营方式产业化、产品质量品牌化，"都市型现代农业为基础的新产业"成为北京市农业发展重点。2007年《关于北京市农业产业布局的指导意见》（京政农发〔2007〕25号）对北京都市型现代农业的总体功能及产业布局进行规划设计，指出要立足资源比较优势，综合考虑区位优势、产业基础和市场条件等，农业生产经营方式，提高农业的规模化和产业化经营水平，调整和优化产业布局，有效开发农业的生产、生态、生活和展示功能，加快一产向第二、第三产业融合，积极发展具有竞争力的特色主导农业产业和特色产品，实现北京都市型现代农业"生态、安全、优质、集约、高效"发展，到 2010 年，初步形成"五圈九业、优质品群"的都市型现代农业布局：在产业结构上，形成生态粮经种植、高效设施蔬菜、有机特色果品、健康畜禽养殖、特色名品花卉、生态垂钓观赏渔业和旅游农业、籽种农业、加工农业九大优势主导产业；在产品结构上，具有满足市场高端需求的一批名优品牌、优质品种农产品和农副产品。《关于北京市农业产业布局的指导意见》奠定了北京发展都市型现代农业的理论基础和体系框架。2008—2009年北京市还连续出台了《2008 年"三农"工作的总体要求》、《关于切实加强农业农村基础建设，进一步促进城乡经济社会发展一体化的若干意见》（京发〔2008〕1 号）、《关于率先形成城乡经济社会发展一体化新格局的意见》（京发〔2008〕30 号）、《北京都市型现代农业基础建设及综合开发规划（2009—2012 年）》（京新农发〔2009〕2 号）、《关于加快发展农产品加工业推进农业产业化经营的意见》（京政办发〔2009〕41 号）等，大力培育以都市型现代农业为基础的新产业，强化新农村建设的产业支撑，推进都市型现代农业区域化、规模化，形成产业集群。根据特色农产品区域布局，推进"一村一品"，积极引导重点专业村镇发展规模化、专业化、标准化生产基地（张宏宇等，2016），如 2008 年重点支持 60 个专业村、1 万亩园艺设施农业、20 个农业主题公园、5 条特色乡村旅游带的建设，以及扶持发展一批精准农业、循环农业示范园区和都市型现代农业走廊。

"十一五"时期，北京市以市场需求为导向，建设与资源和功能相匹配的优势主导产业带群，推进农业产业化经营体系建设；通过财政扶持、信贷支持、税收优惠，引导龙头企业、行业协会和农民专业合作经济组织等做优、做大、做强，使之成为农产品或特色农产品进入市场的重要平台（北京市人民政府，2006）。通过深挖"生产功能、生态功能、生活功能、示范功能"四个功能，开发"籽种农业、循环农业、观光休闲农业和科技农业"四种农业，农业功能拓展取得了丰硕成果（北京市农村工作委员会、北京市发展和改革委员会与北京市农业局，2012）。

粮食作物播种面积稳定在 330 万亩左右，蔬菜播种面积稳定在 120 万亩左右，果树面积达到 246 万亩，花卉种植面积达到 6.7 万亩，养殖业在农业产值中的比重保持在 50% 左右。农业产业结构和布局更加优化，形成了生态粮经种植、高效设施蔬菜、有机特色果品、健康畜禽养殖、特色名品花卉、生态垂钓观赏渔业和旅游农业、籽种农业、加工农业九大优势主导产业。

2010年种业生产性收入达14.6亿元，较2005年增长1.52倍；种业销售额达60亿元，较2005年增长36%，成为都市型现代农业的重点产业。

2010年末，初步形成了"两区两带多群落"的设施农业布局，设施农业面积达27.48万亩，产值达40.7亿元，较2005年增长82.1%，成为农民增收的支柱产业。

观光休闲农业快速发展。2010年全市农业观光园达1303个，市级民俗旅游户达9970户，总收入超过25.2亿元。

农产品加工业不断发展壮大，规模以上农产品加工企业产值超过600亿元，与农业总产值之比接近2∶1，达到发达国家水平（2.0~4.0∶1）；顺鑫、三元、德青源、大发、华都等成为国家级龙头企业和全国知名品牌；探索了大兴设施农业、怀柔公园式农业、丰台会展农业等10种都市型现代农业发展的典型模式，打造了京承高速等一批都市型现代农业走廊；休闲农业、创意农业、农产品流通业、会展农业等融合性产业得到发展，成为农业新的增长点。

将首都科技资源优势转化为农业产业发展强势，实施了35个重大农业科技项目，以果类蔬菜、生猪和观赏鱼三个产业为重点，推进了现代农业产业技术体系建设，建设各具特色的农业科技园区25个。小汤山现代农业科技示范园升级为国家级农业科技园区，锦绣大地农业技术园、顺义三高农业示范区等7个园区成为科技部挂牌重点园区。"十一五"期间，全市陆续创办480多个高效农业园，极大地发挥了都市型现代农业的示范功能。

2.3.3　产业融合发展阶段（2010年至今）

2009年，北京市提出北京市都市型现代农业要定位于第一、第二、第三产业相互融合、充分体现人文、科技、绿色特征的低碳产业。2011年北京市出台了《关于全面推进都市型现代农业服务体系建设的意见》（京政发〔2011〕8号），为农业第一、第二、第三产业融合发展基础的产业体系和服务体系，综合生产能力、社会服务能力和生态保障能力建设提供了政策保障。2012年出台的《关于支持农业产业化龙头企业发展推进农业产业化经营的若干措施》，指出要立足农业产业化龙头企业带动，集成利用资本、技术、人才等生产要素，带动农户发展专业化、标准化、规模化、集约化生产，构建现代农业产业体系，推进农业产业化经营。《北京市"十二五"时期都市型现代农业发展规划》提出要进一步健全适合农业发展水平和首都特点的都市型现代农业产业体系，大力推进第一、第二、第三产业的融合，并对产业布局、重点产业布局进行了部署（北京市农村工作委员会、北京市发展和改革委员会与北京市农业局，2012）。

"十二五"时期，北京按照"建设世界城市"与"人文北京、科技北京、绿色北京"的要求，进一步健全适合农业发展水平和首都特点的都市型现代农业产业体系，农业结构不断升级，第一、第二、第三产业加快融合，新型生产经营主体蓬勃发展，农业生产的专业化、规模化、标准化程度不断加深，农业发展质量和效益大为提升，2014—2016 年北京市现代农业综合发展指数分别在全国排名第一、第一和第二。特别是农业与第二、第三产业深度融合，形成了农产品加工、农产品物流、会展农业、创意农业等多种交叉产业，农业产业链得以延伸，生产、加工、冷链物流、销售一体化发展，附加值显著提升，农业与旅游、教育、文化、养老等产业的深度融合，推动了生态农业、观光农业、创意农业的发展，涌现了多种形式的农家乐、休闲农庄、特色民宿、农事体验等农业新业态，以及采摘、垂钓、餐饮住宿、农事体验等新型农业经营活动。

2013 年，《关于加快城乡发展一体化进程推进土地流转起来、资产经营起来、农民组织起来的意见》（京新农发〔2013〕1 号）明确了"处理好农民与资源的关系、推动土地流转起来，处理好农民与积累的关系、推动资产经营起来，处理好农民与市场的关系、推动农民组织起来""新三起来"政策架构。"土地流转起来"就是与农民转移到第二、第三产业就业等农业兼业化相适应，引导农户土地承包经营权的依法、自愿、有偿流转，提高农用地的规模化、集约化、专业化经营水平，促进农业规模化发展、园区化建设、标准化生产，提高土地产出率，增加农民来自土地的财产性收入和经营性收入。"资产经营起来"就是推进农村集体经济产权制度改革，"撤村不撤社、转居不转工、资产变股权、农民当股东"，建立健全新型集体经济组织的现代企业制度，创新农村集体资产经营管理方式和机制，激发集体经济活力，提高资源利用率，形成多元化产业发展格局，保护和发展了农民的集体收益权利。"农民组织起来"就是打破一家一户分散的农业生产经营格局，同类农产品的生产经营者或者同类农业生产经营服务的提供者、利用者通过自愿合作与联合、民主管理的方式，建立农民专业合作社等互助性经济组织,实现规模化生产经营,共同开拓市场,使农民成为市场经营主体,提高合作社成员的经营收益(北京市农村工作委员会、北京市发展和改革委员会、北京市农业局,2012)。北京市以"新三起来"为抓手,推进农村承包地有序地向现代农业园区、专业大户、家庭农场、农民合作社、农业企业等新型经营主体流转,发展多种形式规模经营,加快构建新型农业经营体系(北京市社会主义新农村建设领导小组,2013)。

2014 年北京市《关于调结构转方式、发展高效节水农业的意见》指出,"调整农业结构,转变农业发展方式,着力构建与首都功能定位相一致、与第二、第三产业发展相融合、与京津冀协同发展相衔接的农业产业结构,为建设国际一流的和谐宜居之都提供有力支撑和坚实保障"。《北京市"十三五"时期城乡一体化发展规划》强调,"推进农业产业化发展。延伸农业产业链,重构农业价值链。积极培育龙头企业与农产品品牌。大力支持国有涉农企业和供销社在农业产业化方面发挥引领、示范作用。重点打造一批年销售收入超过 100 亿元的领军龙头企业,通过'企业+合作社''企业+基地'等方式,提高龙头企业整体带动水平。扶持一批具有上市潜力的龙头企业走向资本市场,增强发展潜力。发展一批农业产业化示范基地,增强集聚效应。培育一批高端、优质、安全的农产品品牌,提升品牌知名度。带动一批从事农村生产、加工、服务业的农户,促进农民增收"。在一系列政策引导下,北京市绿色农业进入第一、第二、第三产业深度融合发展的阶段。

2.4 北京市绿色农业产业融合现状

2.4.1 产业融合基础良好

随着都市型现代绿色农业的深入发展,北京市不断完善农业基础设施,努力提高农业科技水平和农业物质技术装备水平,农业科技贡献率、土地产出率、劳动生产率和资源利用率不断提升,农业产业结构加快优化调整和转型升级,生态循环农业得到较快发展,农业发展由分散经营向规模化、集约化、产业化经营转变,产业结构从以生产为主向生产、加工、流通、服务联动发展转变,休闲观光农业取得积极进展,创建国家现代农业示范区工作扎实推进,农业服务体系建设不断完善,城乡产业、市场、技术、资本有机融合,产业链不断延伸,农业功能不断拓展,2015 年已经达到基本实现农业现代化程度（北京市人民政府，2016）。这为绿色农业第一、第二、第三产业融合渗透，产业链延伸、产业范围拓展和产业功能转型齐头并进，资源、要素、技术、市场需求整合集成，绿色农业新技术、新业态、新商业模式不断涌现，农村产业空间布局不断优化提供了良好的基础。

2.4.2 农业新型业态不断涌现

近年来，北京市农业生产、加工、冷链物流、销售一体化发展，农业与旅游、教育、文化、养老等产业深度融合，农产品精深加工业、会展农业、观光休闲农业、创意农业、农产品电子商务等新产业、新业态和新商业模式快速发展，"生产功能、生态功能、生活功能、示范功能"四个功能不断拓展，形成农产品加工、农产品物流、会展农业、创意农业等多种交叉产业，绿色农业第一、第二、第三产业融合呈现开放、多元的特点，成为创新、创造、创意和创业的汇集载体（张红宇等，2016）。

2.4.2.1 纵向延伸产业链，发展农产品精深加工，打造特色优势农产品

农产品加工业是北京都市型现代农业的支柱产业，是三次产业融合的载体（《北京农业产业融合发展研究》课题组，2016）。为促进以特色农产品生产、加工、流通、销售产业链为基础的特色农业产业集群发展，北京市先后印发了《关于加快发展农产品加工业推进农业产业化经营意见的函》（京政办发〔2009〕41号）、《关于支持农业产业化龙头企业发展推进农业产业化经营的事实意见》（京政办发〔2013〕20号）、《北京市"十二五"农产品加工业发展规划》等政策文件，以市场需求为导向，引导各区县立足比较优势，优化农产品加工产业结构，推动农产品加工业由初级加工向精深加工、由数量增长向质量提高、由松散布局向聚集区发展转变，农产品加工业资本化、园区化、规模化、国际化水平不断提高。以粮油产品、畜牧产品、种养殖产品、蔬菜、水果和特色农产品加工为主的农产品加工业步入发展快车道，形成了"三区统筹发展、两环拓展提升、一带特色添彩"北京市农产品加工业空间发展格局（见图2-4）。其中的"三区"包括中部农产品精深加工区、南部乳制品生产基地、蔬菜（食用菌）加工区及北部干鲜果品、饮品和新兴特色食品加工区；"两环"则包括技术密集型农产品加工环和菜篮子产品加工保障环；"一带"为生态涵养区特色农产品加工产业带。"三区两环一带"在功能结构、产业类型和加工深度上各具特色，产品结构和企业构成"精品为主，特色突出"、优势互补、统筹发展，

构建了较为完整的农产品精深加工体系。通过培育农产品加工企业上市，推进农产品加工企业品牌和农产品加工业聚集区建设，培育农产品加工合作组织，创新农产品加工企业技术，提高农产品加工质量安全保障，优化农产品加工企业创业服务，粮油加工业、果品加工业、蔬菜加工业、饲料加工业、饮料加工业、特色产品加工业不断发展壮大，首农集团、顺鑫、鹏程、二商集团、华都、大发正大、中牧实业等发展成为起点高、规模大、市场竞争力强、辐射带动面广的龙头企业，大北农、古船、王致和、白玉、汇源、"怀柔板栗""密云板栗"、三元食品、红星、牛栏山、燕京、百花、颐寿园、德青源等成为国内外农产品知名品牌，形成了一批特色农产品加工基地，如中粮集团为领军企业，以北京为技术创新与经营运作总部，辐射江苏、山东、广东、天津、湖北等加工基地的食用油加工网络等；顺义果蔬汁饮料和碳酸饮料生产聚集区，怀柔、密云板栗加工基地，延庆干果加工企业集聚区，顺义、平谷、房山为主的生猪养殖和加工基地，京南和京北奶牛产业带、蛋禽养殖与蛋制品加工产业带，密云、房山、延庆、通州等集葡萄种植、葡萄酒酿造、文化鉴赏、交易展示、餐饮娱乐、旅游观光、科研教育于一体的葡萄酒产业带等。

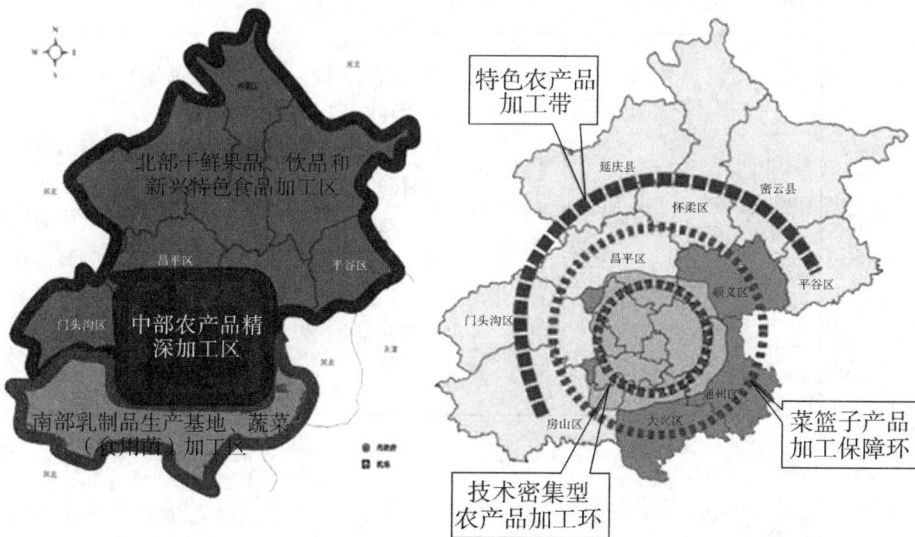

资料来源：《北京市"十二五"农产品加工业发展规划》。

图2-4 北京市农产品加工业总体布局示意

表 2–2   北京市农产品加工业总体布局

布局			发展重点
三区	中部农产品精深加工区（东城、西城、朝阳、丰台、海淀、昌平、顺义、通州、大兴和房山为主的六环以内及沿线区域）		重点发展粮油加工、饲料加工、果蔬饮料、酿酒、熟肉制品、高档排酸冷却肉、分割肉和乳品加工；积极发展体现高端高效高价值的鲜切花加工、生物产品加工等新兴产业。形成北京农产品精深加工先进技术与优秀品牌的展示窗口
	南部乳制品生产基地、蔬菜（食用菌）加工区（大兴、通州和房山平原区域）		鼓励和支持龙头企业与原料基地开展多种形式的合作，做大规模，做强品牌。依托设施农业和农产品原料基地，加快打造新的乳制品生产基地。同时，发展脱水蔬菜加工、速冻蔬菜加工、蔬菜分级包装和净菜鲜活配送、食用菌分级包装和罐头加工，加快形成蔬菜（食用菌）初、精加工与物流配送基地，提高蔬菜产品品级和商品化率
	北部干鲜果品、饮品和新兴特色食品加工区（平谷、密云、怀柔、延庆、门头沟、昌平北部和顺义东北部区域）		以果品优势资源为依托，做大做强饮品龙头企业，大力发展特色果品饮料加工、高档葡萄酒酿制（依托酒庄）。以板栗、核桃、杏仁等特色资源优势为支撑，加快形成特色食品加工基地，提高果品附加值和商品化率
两环	技术密集型农产品加工环（六环以内）	以科技创新和成果示范为主	功能拓展区技术密集型农产品加工环（主要包括六环以内区域）：依托首都科研院校密集，研发力量雄厚优势，培育和引进技术含量较高的各类农产品加工企业，通过不断引导，推进农产品加工业向高端、高附加值方向发展，高新技术向园区聚集，辐射能力与示范作用不断增强，形成具有首都乃至全国影响力的农产品加工业发展示范聚集区

续表

布局		发展重点
两环	菜篮子产品加工保障环	以保障城市农产品供应和带动农民就业增收为主	发展新区菜篮子产品加工保障环（顺义、通州、大兴以及昌平、门头沟和房山的部分平原地区）：依托农产品加工业发展基础，加大农产品加工业对"菜篮子"工程的保障力度。一是以蔬菜加工为重点，培育以生鲜蔬菜为重点的菜篮子供应基地和菜篮子产品加工重点企业；二是以肉类、饮料加工为重点，着力发展肉类加工、高档熟肉制品深加工、高档排酸冷却肉、分割肉、乳品加工、净菜鲜活配送、饮料加工、酿酒和饲料加工等，发展名优产品加工展示园区，建设集名优农产品加工、配送、展示、仓储、物流、出口于一体的北京农产品加工展示园区，建成北京农产品加工业展示窗口。通过发展菜篮子产品加工保障环，带动郊区农民就地就业增收
一带	生态涵养区特色农产品加工产业带（门头沟、延庆、怀柔、密云、平谷等山区县）		立足山区资源优势，大力发展以山区有机干果、特色杂粮为重点的果品与杂粮加工业；发挥生态涵养区生态优势，以农产品加工园区为依托，发展以果品、饮料生产为主的精深果蔬加工业

资料来源：根据《北京市"十二五"农产品加工业发展规划》做成。

2.4.2.2 横向拓展产业链，大力发展休闲农业、沟渠经济、会展农业等

近年来，北京市各郊区因地制宜，根据自然特色、区位优势、生态环境等，通过打造农田景观、沟域经济、培育乡村旅游合作社、创建品牌等，以及"中国美丽田园""北京最美乡村"等评定与推介工作，在农家乐、民俗村、休闲农庄等的基础上，不断创新发展，培育形成了一批形式多样、特色各异的农业观光园、民俗旅游、景观农业等生态休闲农业产业，经营规模从零星分布、分散经营向集群分布、集约经营转变，经营主体从农户为主向多市场群体转变（张红宇等，2016），涌现了一批有特色、高品质、有创意的休闲农业产业区、产业带，也成为促进农民增收的重要渠道。

2016 年末，北京市依托于农村地域、农业生产、农事活动从事休闲农业和乡村旅游的经营性单位和个体经营户共 3.2 万个。其中，经营性单位 4397 个（13.6%）；个体经营户 2.8 万个（86.4%）。民俗旅游挂牌单位

475 个，占全市休闲农业和乡村旅游单位的 10.8%；民俗旅游挂牌户 8717 个，占全市休闲农业和乡村旅游个体经营户的 31.3%。涉及农耕文化体验的有 3878 个，涉及农事种养体验的有 765 个（分布在 325 个村）；涉及农事采收体验的有 2777 个（分布在 639 个村）；涉及农产品制作体验的有 217 个（分布在 113 个村）；涉及农村民俗活动体验的有 1158 个（分布在 275 个村）；涉及农耕文化展示体验的有 173 个（分布在 137 个村）。从事休闲农业和乡村旅游的单位（户）的高峰期从业人员为 15.5 万人。其中，单位 8.7 万人，个体经营户 6.8 万人；从事休闲农业和乡村旅游的单位（户）的长期从业人员为 10.7 万人，其中，单位 5.8 万人，个体经营户 5.0 万人。2016 年，休闲农业和乡村旅游的接待人次为 20147 万人次；休闲农业和乡村旅游经营总收入达到 150.7 亿元，其中，单位 107.3 亿元；个体经营户 43.4 亿元。商品销售收入 55.6 亿元，占比 36.9%；餐饮收入 40.9 亿元，占比 27.1%；住宿收入 19.3 亿元，占比 12.8%；其他收入 8.5 亿元，占比 5.7%；采摘收入 8.4 亿元，占比 5.6%（北京市第三次全国农业普查领导小组办公室、北京市统计局、国家统计局北京调查总队，2018b）。全市 1258 个观光园共接待游客 2250.5 万人次，比 2011 年增长 22.1%；实现总收入 27.98 亿元，比 2015 年增长 6.3%，比 2011 年增长 28.8%。民俗游接待游客 2297.4 万人次，比 2011 年增长 37.7%，实现收入 14.35 亿元，比 2015 年增长 11.7%，比 2011 年增长 65.32%。其中，生态涵养区民俗游接待游客 1817.5 万人次，实现收入 11.9 亿元，分别占全市民俗游接待人次和总收入的 79.1% 和 83.1%，比 2011 年分别提高 5.2% 和 10%。

表 2 – 3 　　2011—2016 年北京农业观光园和风俗旅游相关统计数据

		2011 年	2012 年	2013 年	2014 年	2015 年	2016 年
农业观光园	农业观光园（个）	1300	1283	1299	1301	1328	1258
	高峰期从业人员（人）	46038	48906	50406	47088	42617	40349
	接待人次（万人次）	1842.9	1939.9	1944.4	1911.2	1903.3	2250.5
	经营总收入（亿元）	21.72	26.88	27.36	24.92	26.31	27.98
风俗旅游	实际经营接待户（个）	8396	8367	8530	8863	8941	9026
	高峰期从业人员（人）	18232	18705	19578	21493	22313	22215
	接待人次（万人次）	1668.9	1695.8	1806.5	1914.2	2139.7	2297.4
	经营总收入（亿元）	8.68	9.05	10.2	11.25	12.86	14.35

资料来源：《北京统计年鉴（2012—2017）》。

北京市充分利用国际交流中心的区位优势，举办大型、高端农业会展活动，促进农业产业国内外交流合作。从 2012 年第七届世界草莓大会、2013 年第十八届世界食用菌大会，到 2014 年第七十五届世界种子大会、世界葡萄大会、以"自然、融合、参与、共享"为主题的北京农业嘉年华和第二十二届北京种子大会等，到 2015 年第九届世界马铃薯大会、第四届中国兰花大会、第三届北京农业嘉年华、第六届世界生态农业（CSA）大会、第十七届国际桃花音乐节、第二十七届北京大兴西瓜节、2015 怀柔区汤河川满族民俗风情节、北京第四届蘑菇文化节、首届门头沟玫瑰节暨旅游文化大会，到 2016 年世界月季洲际大会、国际作物科学大会等，北京已有世界草莓大会、世界食用菌大会、世界种子大会、世界葡萄大会、世界马铃薯大会、世界月季大会等若干项国际性农业会展活动，以及依托会展农业创造的条件各区推出的各具特色的农事节庆活动；连续举办了五届北京农业嘉年华活动，特别是贯彻京津冀协同发展战略，联合天津、河北协同办会，推广京津冀三地农业特色，新增了河北馆和天津馆，同时举办天津、河北主题日活动。会展农业以拓展农业多功能为导向，以农业、农俗、农产品为载体，以会议、展览、展销、节庆、农事等活动为表征，以打造品牌为目标，融合了休闲、旅游、文化、服务等多种业态（李庆国和芦晓春，2016b），搭建了经济、生态、生活功能融合的平台，实现了农业、旅游、文化、餐饮、服务、物流等第一、第二、第三次产业的有机融合，延长了农业产业链，提升了农业附加值。2016 年北京农业会展及农事节庆活动共接待游客 447.2 万人次，同比增长 35.5%，实现收入 2.4 亿元，增长 42%[①]（北京市农村工作委员会发展规划处，2017）。

北京通过对沟域内部的环境、景观、村庄、产业进行统一规划，建成内容多样、形式不同、产业融合、特色鲜明的具有一定规模的沟域产业带。截至 2016 年底，北京市政府对门头沟、密云、怀柔、房山等山区沟域投入 7 亿元，带动社会投资 145 亿元，共实施沟域工程项目 1160 个，涌现出怀柔雁栖不夜谷、夜渤海，密云云蒙风情大道，门头沟妙峰山玫瑰谷、百里画廊、四季花海、白桦谷、酒乡之路、绿海红歌、古北水镇、天河川、白河湾、十八弯等特色品牌沟域，逐渐探索形成了集生态治理、新农村建设、种植养殖、绿色循环、休闲观光、民俗旅游于一体的山区区域经济发展新

---

① 北京市农村工作委员会发展规划处. 大力推进农业物联网建设应用促进农业全产业链融合发展［EB/OL］. http：//www. bjnw. gov. cn/jqyw/201705/t20170505_384141. html.

模式，走出了一条以山区沟域为单元的特色发展道路。

2.4.2.3 农业产业化经营主体蓬勃发展

通过"土地流转起来，资产经营起来，农民组织起来"的"新三起来"工程，北京创新与完善土地流转机制，并在基础设施建设、工商、财政、税收、金融保险、用地等方面加大扶持力度，加快推进农业由分散经营向适度规模经营转变，推进农业标准化生产。家庭农场、专业大户、农业龙头企业、农民合作社、农业社会化服务组织等新型农业生产经营主体不断发展壮大，成为促进农业产业化发展、农业第一、第二、第三产业融合的重要力量。

截至 2016 年末，北京市登记农户 103.3 万户，其中农业经营户 42.4 万户，规模农业经营户 3282 户，全市共有 53.0 万农业生产经营人员。龙头企业集资金、技术、人才、管理等先进生产要素于一体，是最具实力和创新活力的农业经营主体（张红宇等，2016）。根据北京市农村工作委员会和北京市统计局的数据，2016 年，北京市新评定市级农业产业化龙头企业 24 家，递补国家级龙头企业 1 家，市级以上农业龙头企业累计达到 180 家，其中国家级 39 家。农业合作社可将分散农户组织起来，降低生产成本和交易成本，增强融资能力和抗风险能力，同时也可以在更大范围内组织各主体的不同要素，提高资源配置效率（张红宇等，2016）。2016 年，北京市在工商部门注册的农民合作社总数达 7168 个，成员 18.4 万名，其中农业普查登记的农民专业合作社为 4733 个，农民专业合作社成员共有 11.6 万名，其中以普通农户为主，占 98.6%；以产加销一体化服务为主的农民专业合作社占 45.2%；以生产服务为主的农民专业合作社占 34.1%（北京市第三次全国农业普查领导小组办公室、北京市统计局和国家统计局北京调查总队，2018a）。同时，北京市不断规范发展合作社，2016 年，北京市开展了 22 家国家级农民专业合作社示范社申报工作，完成了对全市 216 家市级示范社的经营情况监测工作，3 个区成立了区级农民专业合作社联合会，全市农民专业合作社联合社已经达到 31 家。新型经营主体的不断壮大，有力地助推了农业产业化经营（北京市农村工作委员会，2017）。

2.4.2.4 国家现代农业示范区创建加快推进

为实现现代农业发展在点上突围，进而带动面上整体推进，2010 年和 2013 年，农业部先后开展两次申报创建国家现代农业示范区的工作，北京市顺义、房山两区率先成为第一批和第二批国家现代农业示范区，北京市

于 2014 年底向农业部申报整市创建国家现代农业示范区,并先后制定了
《北京市国家现代农业示范区建设实施方案(2015—2020 年)》(京新农发
〔2015〕1 号)、《北京市国家现代农业示范区"十三五"发展规划》
(2016—2020 年)、《2017 年北京市国家现代农业示范区重点工作细化方
案》,修订《北京市级现代农业示范区创建管理办法(试行)》等。通过几
年的发展,顺义、房山两个国家级示范区建设取得了显著成效,为提升都
市现代农业发展水平发挥了示范引领作用。同时,从 2013 年起,北京市开
展了具有北京特色、地域特点,突出高端高效、绿色安全,能够引领示范、
辐射带动的都市型现代农业示范乡镇创建活动。截至 2015 年,北京有都市
型现代农业示范乡镇 68 个,全国一村一品示范村镇 57 个,全国休闲农业和
乡村旅游示范区 7 个,全国休闲农业和乡村旅游五星级园区 24 家,中国美
丽休闲乡村 14 个。2017 年,北京市组织 6 个区开展北京市级现代农业示范
区创建工作,开展特色农产品优势区创建,启动创建第一批 4 个市级现代农
业产业园,新认定 23 个北京都市型现代农业示范乡镇,推动房山区良乡现
代农业产业园入选第二批国家现代农业产业园,评选出 44 个"北京农业好
品牌"、20 个"京郊农业好把式"。农业部评价 2017 年北京市国家现代农业
示范区建设水平综合得分 76.11 分,达到基本实现农业现代化水平(中共北
京市委农村工作委员会,2018)。

2.4.2.5　大力推进大数据、互联网应用,促进农业全产业链融合发展

随着大数据、互联网技术的快速发展,北京市着力促进现代信息技术
与现代农业生产、经营和服务深度融合,促进传统农业向智慧农业转型升
级。2010 年,北京市承担了首批国家物联网示范工程,以此为契机开展
"现代农业物联网应用"试点示范建设。2011 年,北京市依托"221 信息平
台"数据和功能,选取 8 个区县 11 个示范基地 55 栋农产品温室大棚,搭建
"221 物联网监控平台",基于物联网无线传感器设备实时采集空气温湿度、
土壤温湿度、光照强度、空气 CO_2 浓度等环境数据,果形、糖度、成熟期
等生产数据,以及可视化监控数据,进行智能分析与联动控制,保证品质,
提高质量,大幅增产并减少人工劳动力。2014 年,北京市在"221 物联网
监控平台"基础上引入"智慧农场云"管理模式,从食品安全和为农服务
两个方面集成系统,搭建"北京 221 物联网应用服务平台",提供从生产安
排、农事管理、智能控制到农产品质量安全追溯等全产业链服务,物联网
技术在"菜篮子"工程、大田节水灌溉、水产良种繁育、畜禽养殖环境监

控、畜禽身份识别、绿色履历、质量安全追溯等方面的应用取得巨大进展。2016 年，北京市开展"多方投入、自愿建设"的"互联网 + 现代农业"建设工程，市、区两级农委、生产基地（农业产业化龙头企业和农民专业合作社）和农业物联网服务商采取 2∶2∶3∶3 的比例共同投资建设农业物联网，在 7 个郊区 18 家农业园区（农民专业合作社）951 个大棚安装物联网设备，接入"北京 221 物联网应用服务平台"。截至 2016 年底，平台已有用户 545 家，覆盖面积 41.3 万亩，设施总数达 17085 个。根据园区应用效果追踪，产量增加 15% ~ 30%，病虫害降低 50% ~ 70%，化肥等投入品使用减少 30%，人员投入减少 70%，管理费用降低 30%（北京市农村工作委员会发展规划处，2018）。基于"221 物联网应用服务平台"，北京市选择了15 家具备一定技术基础和应用需求的示范基地，进行"农业物联网 + 农场服务 + 渠道对接"的物联网与产前、产中、产后相结合的新型全产业链信息服务模式探索。通过推介群、品鉴会、市集活动、采摘一卡通、买手网等形式展开丰富多元的农企与生鲜电商线上线下结合的产销对接，为农企扩展销售渠道，为生鲜电商等提供丰富的货源，增强和消费者的互动体验，引导农场从"以产定销"向"以销定产"转变，提高农产品品质，增强农产品质量安全，提升农产品品牌与农场营销能力，带动区域特色产业提质增效。

根据北京市第三次农业普查的数据，截至 2016 年末，全市农业生产经营中应用物联网技术的规模农业经营户和农业生产经营单位有 212 个，使用自动化监测、控制技术的温室占地面积达 212.9 公顷，使用自动化监测、控制技术的大棚占地面积达 87.2 公顷，使用自动化监测、控制技术的畜禽养殖用房面积达 37.1 公顷，使用自动化监测、控制技术的渔业养殖面积达24.2 公顷（北京市第三次全国农业普查领导小组办公室、北京市统计局和国家统计局北京调查总队，2018b）。

随着新技术的发展和人们生产、消费理念的转变，传统的农业生产和流通越来越受到互联网的影响，农业电子商务快速发展（张红宇等，2016）。2016 年，农业部在全国 10 省（自治区、直辖市）开展农业电子商务试点，其中北京市被列为"基地 + 城市社区直配"模式、"批发市场 + 宅配"模式两种鲜活农产品电子商务和"休闲农业电商平台"三大模式试点。北京涉及农业电商的企业数量不断增加，农民合作社、农业生产企业"触电"比例不断提高，农业电商社会化服务机构也相应发展壮大。根据北京市第三次农业普查的数据，2016 年末，在全市农业生产经营户中，通过互联网销售商品或对外提供服务的有 8005 户，其中规模农业经营户有 88 户；在农业生产经营单位中，通过电子商务销售农产品的有 365 家，占全部农业生产经营单位的 5.4%，销售金额达 26304 万元（北京市第三次全国农业普查领导小组办公室、北京市统计局和国家统计局北京调查总队，2018b）。截至 2017 年上半年，北京全市 3900 多个村中，涉及农业电商的比例达 8% 左右；农民合作社涉及农业电商的占 25% 左右（李庆国和芦晓春，2017）。2017 年 1 月 12 日，北京地区农业电商相关企事业单位自愿组成的北京农业电商标准联盟成立，并上线发布欣欣尚农电商服务平台。

农业电商的快速发展得益于电商平台的带动。一批各具特色的北京农业电商平台正在崛起，包括淘宝、天猫、京东等农业电商的大型支撑平台，中粮我买网、沱沱工社、本来生活等垂直电商平台，顺丰优选、EMS 等物流型电商，以及北京市场涌现的爱鲜蜂、许鲜、智农宝、绿色家递、慢生慢品、鲜来鲜品等农产品电商，利民恒华、密农人家、天安农业、阿卡农庄、北菜园等一批以生产和经营北京本地特色农产品的本土化农业电商企业，以及分享收获、哈斯农场、自然乐章、好农场等为主的社区支持农业电商，三三老栗树、一原一品等微电商。

农业电商引领传统农业向"信息化""标准化""品牌化"的现代农业转变，实现消费、销售引导生产的功能，并且促进特色农产品走向"高端"发展路线，不仅在消费者心中建立起安全信誉，也确保了生态农业基地生产的优质农产品的价值，得益于农业电商，很多特色农产品突破北京地域限制，进入大市场、大流通。

此外，电子商务网络平台和移动通信在休闲农业和乡村旅游也得到广泛应用，北京市在第三次全国农业普查中调查了 3.2 万个休闲农业和乡村旅游单位（户），其中 1.8 万个在对外推介时使用传统媒体，6268 个使用网络平台，1.2 万个使用移动通信，使用有一种以上推介方式的有 3785 个；拥有电子商务自主网站的有 1081 个；拥有第三方平台的有 5152 个，同时拥有两种电子商务网络平台的有 273 个。2016 年，北京市休闲农业和乡村旅游接待通过网络及移动通信预约游客 444 万人次。在休闲农业和乡村旅游调查对象中，通过网络销售商品的单位（户）有 260 个，收入 1.2 亿元（北京市第三次全国农业普查领导小组办公室、北京市统计局和国家统计局北京调查总队，2018b）。

3 北京农业金融发展及供给现状

3.1 改革开放以来北京农业金融改革发展历程

3.1.1 合作金融为主，商业金融和政策性金融并存阶段 (1984—2004 年)

中华人民共和国成立以后至 20 世纪 80 年代初，北京农业金融以农村信用社（1951 年 8 月成立）为主要载体，以信贷业为主要业务。

20 世纪 80 年代初，随着农村经济体制改革的推进，农村经济发展迅速，农户、乡镇企业和经济合作组织融资需求日趋强烈，北京农业金融在政府主导下进行了相应的改革，恢复和建立商业性和政策性金融机构，由原来以合作金融为主的单一结构，初步形成了农业金融市场的多元化和有限竞争状态。

1978 年 12 月，党的十一届三中全会通过的《中共中央关于加快农业发展若干问题的决定（草案）》明确提出："恢复中国农业银行，大力发展农村信贷事业。" 1979 年 2 月，国务院发布《关于恢复中国农业银行的通知》，决定正式恢复中国农业银行，其主要任务是"统一管理支农资金，集中办理农村信贷，领导农村信用合作社，发展农村金融事业"。1984 年，中国农业银行北京市分行恢复成立，主要负责财政支农拨款和农业贷款，提供农村国有工业贷款、国有和集体农业贷款、商业贷款、乡镇企业贷款、农业机械化专项贷款、中短期设备贷款、农户贷款和扶贫贴息贷款等（刘磊，2016），同时负责对农村信用合作社的日常工作进行组织管理。

1993 年 12 月，国务院出台《关于金融体制改革的决定》，提出建立和完善以合作金融为基础，商业性金融、政策性金融分工协作的农业金融体系。具体而言，就是组建中国农业发展银行，将农村信用社联社从中国农业银行中独立出来，有步骤地组建农村合作银行，将农业银行办成真正的国有商业银行，逐步建立中国农业发展银行、中国农业银行和农村合作金融组织密切配合、协调发展的农村金融体系。1994 年 4 月，国务院下发

《关于组建中国农业发展银行的通知》，建立直属国务院领导的国有农业政策性银行——中国农业发展银行。中国农业发展银行北京市分行随之成立，并在各区县陆续组建分支机构，主要负责从中国农业银行和中国工商银行中剥离出来的政策性金融业务，以国家信用为基础，筹集农业政策性信贷资金，承担国家粮棉油储备和农副产品合同收购、农业开发等业务中的政策性贷款，代理财政支农资金的拨付。具体包括国家粮棉油储备和农副产品合同收购贷款、农业综合开发贷款、扶贫贴息贷款，代理财政支农资金的拨付及监督使用，支持整个农业开发和农业技术进步，保证国家农业政策的贯彻实施。

在此期间，北京形成了以农村信用社为基础的合作性金融、以中国农业银行北京市分行为主体的商业性金融、以中国农业发展银行北京市分行为主的政策性金融并存的局面。

3.1.2 商业性金融快速发展，其他金融形式并存（2003—2008 年）

2003 年 6 月 27 日国务院发布《关于印发深化农村信用社改革试点方案的通知》，我国开始进行第二轮农村金融改革，核心是明晰农村信用社的产权和管理体制、完善经营机制，要求把农村信用社"按合作制规范"，逐步办成由农民、农村工商户和各类经济组织入股，为农民、农业和农村经济发展服务的社区性地方金融机构，充分发挥其农村金融主力军和联系农民的金融纽带作用，更好地支持农村经济结构调整，促进城乡经济协调发展。

2004 年 8 月，北京成为国务院批准的第二批进一步深化农村信用社改革的试点地区①。2005 年 10 月 19 日，北京市农村信用社改制为北京农村商业银行（全称为北京农村商业银行股份有限公司），成为国务院首家批准组建的省级股份制农村商业银行。

北京农村商业银行在北京农业金融市场上处于金融支农主渠道的地位，其定位于"立足城乡，服务三农，服务中小企业，服务市民百姓"。2016 年

---

① 2003 年 11 月底国务院批准了浙江、山东、江西、贵州、吉林、重庆、陕西和江苏 8 省（市）农村信用社改革实施方案，2004 年 8 月国务院批准北京、天津、河北、山西、内蒙古、辽宁、黑龙江、上海、安徽、福建、河南、湖北、湖南、广东、广西、四川、云南、甘肃、宁夏、青海、新疆 21 个省（区、市）作为进一步深化农村信用社改革的试点地区。改革重点是把农村信用社的管理权交给省级政府，银监会负责一般性的市场监管。大部分省市都采取了省联社模式，即建立省联社并通过省联社来管理农村信用社。

末，北京农村商业银行共设有 164 家分行，在京郊 10 区县所有银行中，贷款市场占比为 26.3%，其中在延庆、密云、怀柔、平谷等区县的市场占有率均超过 30%，涉农贷款余额为 374 亿元，涉农贷款占全部贷款（不含贴现）的 51.6%，如果剔除贴现，占比则达到 59.6%。10 个远郊区县的 21 家支行涉农贷款占其全部贷款（不含贴现）的比重为 77.2%。农户贷款余额为 24 亿元（北京农村商业银行，2017）。

2007 年 1 月，全国金融工作会议确定了中国农业银行"面向三农，整体改制，商业运作，择机上市"的改革方针；2008 年 10 月国务院常务会议审议并原则通过了《农业银行股份制改革实施总体方案》，要求中国农业银行改革要以建立完善现代金融企业制度为核心，以服务"三农"为方向，稳步整体改制为资本充足、治理规范、内控严密、运营安全、服务优质、效益良好、创新能力和国际竞争力强的现代化商业银行。2009 年 1 月，经国务院批准，中国农业银行整体改制为中国农业银行股份有限公司。2010 年 7 月 15 日，中国农业银行股份有限公司在上海证券交易所挂牌上市。农行北京分行随着国家改革中国农业银行的步伐，2009 年 1 月 15 日之后成为中国农业银行股份有限公司在京分支机构。农行北京分行在北京每一个区县都设立了支行，营业网点遍布城乡；在业务上，加大了新农村建设、涉农经济、城乡一体化建设的支持力度（蒲应龚等，2012）。

根据国家决策部署，中国农业发展银行逐步开展各种所有制粮棉油购销企业、粮棉油产业化龙头企业和加工企业贷款业务，以及农业科技贷款业务（万川川，2010）。自 2005 年开始，农发行北京分行以及各支行开始发放商业性贷款，2006 年开始积极拓展商业性信贷业务，主要"涉及国储化肥贷款、地方储备肉贷款、地方储备糖贷款、粮油种子贷款、农业小企业贷款、龙头企业贷款、粮油加工企业贷款和粮食企业流转贷款等，这些新业务的稳步发展不仅推动了农发行北京分行经营效益的进一步提升，同时也为首都新农村建设做出了贡献"（曹阳，2006）。2007 年开办农村基础设施建设贷款、农业综合开发贷款和农业生产资料贷款业务，农村基础设施建设贷款支持的范围包括农村路网、电网、水网（包括饮水工程）、信息网（邮政、电信）建设、农村能源和环境设施建设；农业综合开发贷款支持的范围包括农田水利基本建设和改造、农业生产基地开发与建设、农业生态环境建设、农业技术服务体系和农村流通体系建设；农业生产资料贷款支持的范围包括农业生产资料的流通和销售环节。同年，在以粮棉油购销储贷款业务为主的同时，贷款支持对象扩大到农林牧副渔生产、加工转化及农业科技等更广泛的农村经济领域，拓宽了农业政策性金融业务范围和资金来源。农发行北京分行以政策性业务为根本，在增加商业性贷款品种并改善业务结构的基础上，以农村基础设施建设为重点支持北京农村优质特色产业的发展。

1986 年 4 月，邮电部和中国人民银行联合发文，正式开办邮政储蓄代办及支付结算等业务，吸收的存款缴存人民银行统一使用；1990 年以后，缴存存款业务关系转变为转存款关系，邮政储蓄存款转存人民银行，人民银行支付转存款利息，邮政储蓄由代办转为自办（于明霞，2007）。2003年，邮政储蓄资金实现自主运用，通过优先为农村信用联社等地方性金融机构提供资金支持的方式将邮政储蓄资金返还农村使用。2006 年之后，邮政储蓄通过参与银团贷款，将大量邮储资金批发投入到"三农"重点工程、农村基础建设和农业综合开发等领域。经过 20 年的发展，邮政储蓄已成为北京农业金融组织的重要组成部分。2007 年，中国邮政储蓄银行总行挂牌成立。经银监会批准，中国邮政储蓄银行可经营《商业银行法》规定的各项业务，并获批在全国 31 个省（自治区、直辖市）筹建一级分行（包括计划单列市分行）、二级分行和支行。2007 年 11 月 28 日，邮储银行北京分行成立。邮储银行北京分行的市场定位是，充分依托和发挥网络优势，完善城乡金融服务功能，以零售业务和中间业务为主，为城市社区和广大农村地区居民提供基础金融服务，与其他商业银行相互补充，支持社会主义新农村建设。相对于其他商业银行，中国邮政储蓄银行的优势在于依托邮政网络经营的网点优势及在过去二十几年开办储蓄和汇兑业务积累的众多客户。组建后的邮储银行北京分行其分支机构覆盖北京所有的区、县和主要乡镇。与组建前"只存不贷"的邮政储蓄不同，邮储银行北京分行在农村开展的业务除储蓄业务、汇兑业务外，主要通过三种方式将资金投放到农村：一是通过资金市场向农村地区金融机构提供批发性资金；二是通过银团贷款将大宗邮储资金批发投向国家"三农"重点工程、农村基础建设和农业综合开发等领域；三是发展零售资产业务，如开办小额贷款业务。

3.1.3 多种农业金融机构并存（2008 年至今）

2006 年中央一号文件提出，"允许私有资本、外资参股乡村社区金融机构"，"大力培育由自然人、企业法人或社团法人发起的小额贷款组织"，

"引导农户发展资金互助组织，规范民间借贷"。2006 年 12 月，银监会发布《关于调整放宽农村地区银行业金融机构准入政策，更好支持社会主义新农村建设的若干意见》（银监发〔2006〕90 号），允许各种社会资本参与到商业性小额贷款公司、村镇银行以及农村资金互助社等新型金融组织的试点，并鼓励境内商业银行和农村合作银行在农村地区设立专营贷款业务的全资子公司；同时，推动"只贷不存"的小额信贷公司试点，首次允许产业资本和民间资本到农村地区新设银行，提出要在农村增设村镇银行、贷款公司和农村资金互助社三类金融机构。2017 年 1 月第三次全国金融工作会议决定加快健全适应"三农"特点的多层次、广覆盖、可持续的农村金融体系；推进农村金融组织创新，适度调整和放宽农村地区金融机构准入，培育多种形式的小额信贷组织。2008 年 5 月，银监会和中国人民银行联合发布《关于小额贷款公司试点的指导意见》（银监发〔2008〕23 号），允许自然人、企业法人和其他社会组织等社会资本出资建立"只贷不存"小额贷款公司，按照市场化原则进行经营。2009 年 6 月，银监会发布《小额贷款公司改制设立村镇银行暂行规定》（银监发〔2009〕48 号）。我国农业金融在不断强化农业银行、农业开发银行、农村信用社支农责任基础上，鼓励发展面向"三农"的中小银行，发展村镇银行、贷款公司、农村资金互助社、小额贷款公司等农村小型金融组织。

2008 年以后，北京市进一步推进农业金融服务体系的建设，引导各类资本进入农村地区，成立包括村镇银行、小额贷款公司、农村资金互助社等在内的新型农业金融服务机构，形成多种金融机构并存的农业金融服务体系，商业性金融、合作性金融、政策性金融和民间金融协调发展，通过市场机制提供多元化服务和展开适度、公平的市场竞争，有效配置农村金融资源。2008 年 11 月 29 日，北京第一家村镇银行——北京延庆村镇银行正式开业，目前全市共有 12 家村镇银行。2009 年 3 月 18 日，北京市第一家小额贷款公司——北京兴宏小额贷款有限公司成立，并与国家开发银行北京分行、北京农村商业银行、北京市农业担保公司签署了战略合作协议；2009 年 11 月 28 日，首家由农村集体经济筹资兴建的小额贷款公司——北京市丰花小额贷款有限公司在丰台区花乡正式成立，为辖区内的乡镇企业、农村经营户、中小企业和个体经营业主提供单笔不超过 300 万元的贷款。目前北京市共有 117 家小贷公司，其中北京农业投资有限公司发起设立了 11 家小额贷款公司。在此期间，还成立了北京第一家开展内部资金互助的合作社——通州区于家务乡果村蔬菜经济合作社，北京市第一家土地专业合作社——平谷区的北京百合兴盛土地专业合作社。

3.2 北京农业金融服务现状

3.2.1 农业金融服务体系进一步完善

通过 40 年改革发展，北京农业金融服务体系不断完善，农业金融机构数量逐渐增加，农业金融服务覆盖面不断扩大，政策性金融、商业性金融和合作性金融功能互补、相互协作的格局正在形成。目前在北京郊区县农村地区开展业务的金融组织包括北京农村商业银行、农行北京分行、农发行北京分行、邮政储蓄银行北京分行等大型金融机构，村镇银行、小额贷款公司、农村资金互助社、农业投资公司、农业担保公司、北京农业产业投资基金等新型金融主体，中国工商银行、中国银行、中国建设银行和交通银行等在郊区县域的分支机构，还包括在郊区县域提供服务的政策性保险公司、商业性保险公司、证券公司、期货公司等机构。同时，互联网金融等金融新业态也快速涌现。一个适应"三农"需求特点的多层次、竞争性、覆盖面广、可持续发展的农业金融服务体系正进一步完善。

截至 2015 年末，北京市辖内银行在远郊区已建成正规网点 800 余个，各类网点对行政村服务覆盖率较 2014 年末提高 19.33%，在远郊区布设自助服务设备上万台，覆盖行政村 2154 个，银行卡、网银、互联网技术等方式已覆盖绝大多数行政村。辖内涉农贷款余额达 2522.44 亿元，其中农业产业化龙头企业贷款余额为 242.9 亿元，都市型农业贷款余额为 141.5 亿元（苏保祥，2016），比较有效地解决了农业经营资金短缺问题。

截至 2016 年末，北京农村商业银行共有 26 家管辖支行、177 家非管辖支行、694 家网点，网点数居北京市各银行机构之首，其中 10 个郊区县网点约占全行营业网点的 60%，金融服务覆盖全市 16 个区所有 182 个乡镇，其中有 40 个乡镇北京农村商业银行是唯一的金融机构。在努力确保城乡地区机构数量和覆盖率的同时，北京农村商业银行不断提高京郊地区金融服务可得性和便利性。2015 年末新增乡村便利店等简易网点 126 个，共建成"乡村便利店" 283 家、"乡村自助店" 26 家，在郊区设立"助农取款服务点" 340 个；在京郊地区分别累计布放 ATM 和 POS 机具 1110 台和 1.59 万台，开发"民俗旅游户贷款""凤凰乡村游商户贷款"等特色贷款产品，满足商户装修或日常经营所需资金，通过网上商城、微信银行、移动端 APP 等电子渠道，帮助商户及京郊果农拓宽销售渠道，助力农民增产增收（北京农村商业银行，2016、2017）。

邮储银行北京分行现设直属一级支行网点 108 家，遍布北京城乡的邮储二级支行及其他网点达 520 家，网点规模居全市金融机构第三位，资产规模达 903 亿元，在全市金融机构中排名第七位，拥有储蓄账户 1720 万户，银行卡用户 824 万户。早在 2013 年第一季度末，邮储银行北京分行分布在京郊农村地区的网点比例就达 41.8%，在京郊投放 ATM 678 台、商易通 2581 台，并通过电话银行、网上银行、手机银行、电视银行开展"全媒体"金融服务，电子化网点覆盖率达到 100%，该行还在多个农村基层网点提供代发政府补贴、代发拆迁款、代发农转非补偿款及护林款、"小额助农取款"等服务，开辟农民工汇款"绿色通道"，将服务触角延伸至村镇，有效缓解了农村地区服务网点少、金融业务难办的问题。

根据北京市金融监督管理局的数据，截至 2018 年 5 月，北京已设有 11 家村镇银行（见表 3-1）。村镇银行在发起行的技术援助下，从担保方式、服务渠道、商业模式等方面进行了大量创新，大兴九银村镇银行研发了针对小微客户的"无声贷"，被评为"全国银行业金融机构小微企业金融服务特色产品"；大兴华夏村镇银行设计出了专门针对农牧产品上下游客户的"牧链保监贷"。村镇银行还加快电子化服务渠道建设步伐，如开通网上银行业务，布放 ATM，对外发行借记卡，开通手机银行业务。这些现代化手段的推出，有力提升了村镇银行的区域服务能力。除此之外，截至 2018 年 5 月，北京设有 127 家小额贷款公司，其中，北京农业投资公司就发起设立了 14 家小额贷款公司（见表 3-2）。

表 3-1 北京市村镇银行

名称	设立时间
北京延庆村镇银行	2008 年 11 月 29 日
北京密云汇丰村镇银行	2009 年 9 月 2 日
北京市利源小额贷款股份有限公司	2009 年 11 月 9 日
北京怀柔融兴村镇银行	2010 年 1 月 9 日
北京大兴九银村镇银行	2010 年 6 月 28 日
北京昌平兆丰村镇银行	2010 年 11 月 25 日
北京大兴华夏村镇银行	2010 年 12 月 6 日

续表

名称	设立时间
北京顺义银座村镇银行	2011 年 1 月 10 日
北京通州国开村镇银行	2011 年 12 月 26 日
北京房山沪农商村镇银行	2013 年 1 月 21 日
北京门头沟珠江村镇银行	2016 年 4 月 12 日
北京平谷新华村镇银行	2016 年 10 月 17 日

资料来源：北京市地方金融监督管理局。

表 3-2 北京农业投资有限公司发起设立的小额贷款公司

名称	设立时间	设立时所在区县
北京农投首诚小额贷款股份有限公司	2009 年 9 月 26 日	通州区
北京石金小额贷款股份有限公司	2009 年 9 月 28 日	石景山区
北京市利源小额贷款股份有限公司	2009 年 11 月 9 日	怀柔区
北京农投东方小额贷款有限公司	2009 年 11 月 12 日	东城区
北京农投丰融小额贷款股份有限公司	2009 年 12 月 14 日	丰台区
北京农投谷成小额贷款股份有限公司	2009 年 12 月 16 日	平谷区
北京京融小额贷款股份有限公司	2010 年 1 月 6 日	崇文区
北京农投庆融小额贷款股份有限公司	2010 年 9 月 25 日	延庆县
北京亚联财小额贷款有限公司	2011 年 9 月 1 日	海淀区
北京农投国汇小额贷款股份有限公司	2010 年 12 月 29 日	密云县
北京农投京西小额贷款股份有限公司	2011 年 12 月 30 日	门头沟区
北京农投金通小额贷款股份有限公司	2012 年 2 月 8 日	昌平区
北京农投金阳小额贷款公司	2012 年 8 月 14 日	朝阳区
北京农投顺通小额贷款股份有限公司	2014 年 5 月 12 日	顺义区

资料来源：根据公开资料整理。

3.2.2 农业金融服务不断创新

3.2.2.1 北京农村商业银行农业金融服务实践与创新

北京农村商业银行将涉农金融服务作为全行战略重点，围绕把服务"三农"市场定位做细做实，主动对接"三农"基础设施、扶贫产业、异地扶贫搬迁等金融服务需求，不断创新支农金融产品，加大涉农贷款投放力度，全方位支持北京市现代农业发展。

一是积极支持乡域经济和集体产业发展：在提供存款、结算等传统金融服务的同时，积极支持北京城乡一体化建设进程中的项目资金需求，并结合发展需要逐步拓展投行业务、理财业务、现金管理等综合金融服务。

二是积极支持现代农业发展：①不断加大对国有大中型涉农企业的信贷支持力度，同时围绕其产业链和供应链进行拓展营销，将金融服务逐步向其上下游的涉农小微企业延伸；②积极扶持农业产业化龙头企业发展，满足其在农业生产、加工、流通等环节的资金需求，间接带动农业经济发展；③积极支持民俗旅游、生态农业、休闲农业等农业产业项目，依托市、区政府，以"新农家"四大系列、20余款"特色农贷"产品为支撑，积极支持各郊区的特色农业发展，同时配合北京市农村工作委员会、北京市旅游发展委员会推动北京市乡村旅游和休闲农业的提档升级工程，助力京郊农民增收致富。

2013—2016年，北京农村商业银行年末广义涉农贷款余额分别达到594.86亿元、683.21亿元、600.3亿元和624.53亿元，有效地支持了首都农村经济建设和农业产业发展。其中，2015年、2016年涉农贷款如图3-1所示：

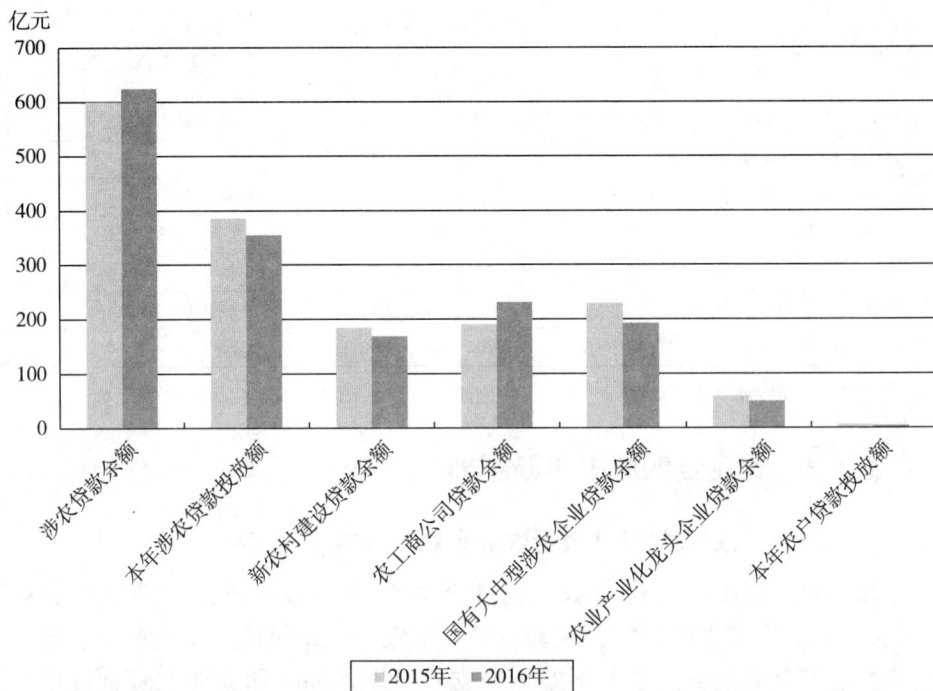

资料来源：北京农村商业银行历年年报。

图3-1 2015—2016年北京农村商业银行涉农贷款统计

三是通过集体经营性建设用地入市专项融资产品创新、推出农村承包土地经营权抵押贷款产品等举措，助推首都农村承包土地确权、集体建设用地赋能、宅基地盘活"三块地"改革①。

（1）集体经营性建设用地入市专项融资产品。针对大兴区集体经营性建设用地入市试点工作涉及的土地整治、开发建设、产业运营3个阶段的资金需求，北京农村商业银行与大兴区金融局、试点办、市国土局等部门沟通协调，推出包括土地整治贷款、开发建设贷款、产业运营贷款、商业用房按揭贷款4款子产品在内的专项融资产品。2016年，北京农村商业银行利用集体经营性建设用地入市产品优势，竞得北京市首个集体经营性建设用地入市试点项目独家承办资格，为该项目提供34亿元授信支持，截至2016年末已放款23.29亿元。

（2）集体资产经营权质押业务模式。为有效解决集体经济组织（农工商公司）持有大量集体资产但无法有效抵押的问题，北京农村商业银行与北京农村产权交易所合作，推出了集体资产经营权质押业务，积极探索农村集体资产经营权质押的担保方式创新，防范农工商公司贷款的风险，并在朝阳、海淀、丰台、昌平4区启动试点。

（3）创新推出农村承包土地经营权抵押贷款。针对大兴区、平谷区的农村承包土地经营权抵押贷款试点工作，北京农村商业银行根据监管要求，制订了推动配套金融创新的工作方案，就试点政策、确权颁证进展、抵押操作流程等与北京市农村工作委员会、区金融办、北京农村产权交易所沟通协调，推出了农村承包土地经营权抵押贷款产品②。

（4）积极探索商投联动的融资业务模式。在为涉农客户服务过程中，北京农村商业银行充分利用取得的非标业务资质和国际业务产品，通过产品的灵活组合，积极探索投行产品与信贷产品的组合融资模式，通过综合化的融资服务，有效满足涉农客户和重点项目的多元化资金需求。

（5）开展对优质农工商公司的综合营销。2016年，北京农村商业银行组建了总支行共同参与的农工商公司综合营销工作组，以辖内优质农工商公司为切入点，通过组织开展实地调研、系统了解客户需求，专项制订综合金融服务方案，为客户及所在乡域的居民、企业，提供各项融资、资金

---

① 数据资料来自北京农村商业银行历年年报。

② 首单项目平谷区诺亚农庄项目已落地，为其提供授信额度500万元，北京农村商业银行成为北京首家办理该业务的金融机构。

结算、投资理财、账户管理等综合金融服务，全面提升综合化金融服务的深度及广度。

（6）创新农户贷款业务的批量化审批模式。针对门头沟区洪水口村搬迁工程的新民居建设资金需求，北京农村商业银行根据其项目内容一致、还款来源统一、整体风险可控等特点，创新推出了农户贷款的批量化审批模式，简化了贷款手续，提高了审批效率，截至 2015 年末，已累计为 23 户村民提供 195 万元授信支持，解决了民居建设及装修的资金需求，改善了当地农民的居住环境和村容村貌，也带动了民俗旅游产业的发展。

3.2.2.2 农行北京分行农业金融服务实践与创新

农行北京分行作为全国首批三农事业部改革试点单位，结合首都"新三农、大三农"特点，积极推进三农金融事业部改革，搭建起了涵盖农产部、农户部和三农人力资源中心、三农核算考评中心、三农资金管理中心、三农信用管理中心、三农信用审批中心、三农风险管理中心的"两部、六中心"的三农金融事业部组织架构。2015 年底，密云、延庆两家支行正式加挂三农事业部标牌。其中，农行密云支行相关指标已达到县级三农事业部标准，2016 年起享受存款准备金率比农行低 2 个百分点的政策优惠。

截至 2016 年 5 月末，农行北京分行密云、延庆两家三农事业部所在支行充分发挥三农事业部"单独机制"的优势，积极发展都市农业等具有北京特色的"三农"金融项目，延庆支行为大庄科中药材种植专业合作社、王木营蔬菜种植专业合作社发放贷款 880 万元；密云支行为古北水镇累计发放贷款 6.05 亿元，同时建立了景区内唯一一家银行网点。

在三农事业部的带动下，农行北京分行结合都市型农业的生态特点，形成了以城中村治理、水利生态、城镇化、平原造林、产业化龙头企业为主的五大涉农业务板块。截至 2016 年 5 月末，农行北京分行涉农贷款余额为 151.71 亿元，其中，农户类贷款余额为 7678 万元；金穗惠农通工程服务点布放总量达 4474 个，覆盖了北京郊区的 146 个乡镇、2188 个行政村①。

3.2.2.3 邮储银行北京分行农业金融服务实践与创新

邮储银行北京分行立足北京地区经济金融特点和"三农"金融服务需求，努力探索金融支持首都"三农"发展的特色道路。

一是充分贴近农村地区金融需求。针对农户资金需求"短、小、频、

---

① 数据来自原北京银监局官方网站 http://www.cbrc.gov.cn/sj/beijing/。

急"的特点，邮储银行北京分行推出"好借好还"小额贷款、"村官贷"、合作社贷款等系列产品，灵活采用保证、联保、房产设备抵押、经营权抵押、动产质押、仓单质押等十余种担保方式，并充分简化贷款手续，提供信贷员"背包银行"上门服务。成立五年来，累计发放涉农贷款 44 亿元，涉农小额贷款笔均金额不足 8 万元，缓解了京郊农户生产经营资金短缺难题，支持了农民专业合作社的快速发展。

二是积极对接农户特色经营融资需求。围绕北京发展都市特色农业和第三产业积极性高的特点，积极支持农户开展家庭特色经营。截至 2015 年 9 月末，邮储银行北京分行农户其他生产经营性（除农林牧渔业外）贷款占该行涉农贷款余额的 84.12%。通过优选经营有实体、组织较紧密、示范作用明显的农民专业合作社建立"储备库"，实施名单制管理，累计投放近亿元扶持农业集约生产和加工销售一体化发展。

三是创新产品和服务。在大兴区庞各庄设立全市首家"三农"信贷专营机构的基础上，逐步推广"三农"信贷专营机构模式；运用"专业公司评估＋村、镇两级确认＋指定平台流转处置"模式，在平谷等区县开展土地承包经营权质押贷款试点，探索破解涉农贷款担保瓶颈，帮助农民进一步盘活手中的农村生产资源，促进资源变资产。通州支行充分利用国家政策性农业保险惠农举措，开展质押保险赔付金的"农保贷"业务，探索通过非标准抵（质）押物的创新带动农户小额贷款业务；针对互联网涉农企业在资金结算和代收付方面的金融需求，着力在农产品结算产业链领域进行优化创新，改善传统农产品交易模式。同时借助互联网大数据为上下游农户和涉农企业提供保理和授信支持，整合邮储银行网络、农村地区客户资源等优势，依托涉农电商平台服务普惠金融。截至 2015 年 11 月，邮储银行北京分行面向农、商户，农民专业合作社发放的以保证和联保为主要担保方式的小额贷款 3 万笔，金额 31 亿元，笔均贷款金额 10 万元。

3.2.3 农业信贷担保成效显著

2008 年 12 月 17 日，北京市成立首家专门为中小农业企业和农民专业合作社贷款提供信用担保服务的担保公司——北京密云农业担保有限公司。2009 年 3 月 18 日，北京市农业担保有限公司成立，公司注册资本为 5 亿元。北京市农业担保公司是全国较早成立的省市级以服务"三农"为主的专业化农业融资担保机构，为北京"三农"提供多方位的担保服务，此后北京其他区县也相继成立了为涉农贷款担保的担保公司。

2009 年 12 月 24 日，房山、通州两区入股北京市农业担保公司，入股资金均为 3000 万元。北京市农业担保公司注册资本变更为 5.6 亿元。2010年 11 月北京市财政局印发《北京市农业担保资金管理暂行办法》，对北京市农业担保公司资金的管理和运作做出了明确规定，为其可持续发展提供了制度支撑和保障。2011 年 5 月，北京市农业担保公司从北京市金融工作局取得五年期融资性担保机构经营许可证。2011 年，公司陆续设立大兴、顺义、延庆、平谷、怀柔、密云、昌平 7 个分公司和门头沟、房山、通州 3个合作机构，构建了较为完善的区县合作机构网络体系。2012 年 5 月，按照北京市金融局要求，公司更名为"北京市农业融资担保有限公司"。2013年，北京市财政为公司增资 5000 万元，农业担保资本金达到 6.1 亿元。同年，公司设立的首家直属区县分公司——北京市农业融资担保有限公司门头沟分公司成立。2014 年 2 月和 11 月北京市财政局先后向北京市农业融资担保有限公司定向增资 5000 万元，农业担保资金规模达到 7.1 亿元。2014年，北京市旅游发展委员会牵头的京郊旅游融资担保平台落户北京市农业融资担保有限公司，获得京郊旅游融资担保专项资金 1 亿元。2016 年农业担保资金规模达到 10.1 亿元。

北京市农业融资担保有限公司按照"政策性资金、法人化管理、市场化运作"原则，以服务首都"三农"和促进首都农业金融体系建设为导向，为首都农业、农村、农民提供多品种、各阶段、全方位的担保服务，重点倾向现代农业产业、农业专业合作社及家庭规模经营以及可带动农村地区经济增长、人口就业的产业项目（见表 3-3），已发展成为首都"三农"和小微融资担保的主要渠道之一，担保业务网络全面覆盖首都地区全部涉农区县。2014 年 3 月公司成立五周年之际，共通过信用担保的方式为首都地区 3000 余家纯农、涉农中小企业客户实现融资 121 亿元；2014 年末，公司累计批准担保规模近 150 亿元。同时公司设计灵活可操作的反担保措施，引导金融资本支持首都"三农"建设，截至 2014 年底，公司与国家开发银行、北京银行、华夏银行等在京 30 家银行开展银担合作业务，公司担保项目在保余额达到 40.4 亿元。北京市农业融资担保有限公司已经成为北京市政府支持首都"三农"经济发展的重要抓手①。

---

① 数据来自北京农业融资担保有限公司官方网站 http：//www.bjnydb.com.cn。

表 3 - 3　　　　　　　北京市农业融资担保有限公司业务发展

时间	大事记
2009 年	为促进北京市重点农业龙头企业的快速健康发展，由北京市农村工作委员会牵头，启动"北京市农业（一期）中小企业集合票据"发行工作，北京三元种业、北京顺鑫农业石门市场、北京中地种畜、北京红螺食品等八家企业作为集合票据的发行主体，计划发行规模达到 3.04 亿元
2010 年 8 月	北京市第一单农用机具（6 台约翰迪尔牌大型联合收割机）抵押担保贷款。农用机具抵押担保贷款项目是为了鼓励、扶持农民和农业生产经营组织使用先进适用的农业机械，促进北京市农业机械化
2010 年 12 月	北京市农业（一期）中小企业集合票据发行
2011 年 5 月	公司从北京市金融工作局取得五年期融资性担保机构经营许可证。 表明公司具备融资性担保业务的资质和条件，有利于推进公司与金融机构的业务合作，使公司在自身稳健发展的基础上，更加充分地发挥服务中小企业，实现银、担、企多赢的独特功能。 公司积极对接政府政策、市场需求和银行产品，陆续推出多项新型担保产品，如"小额信贷星"无抵押贷款融资产品、"茶贷保"马连道茶城商户担保产品、新发地农副产品批发市场融资担保配套产品、"禽贷保"肉鸡养殖业贷款担保实施方案，推动农业担保向涉农各领域延伸
2012 年 5 月	正式发行农业二期票据。 此票据是当时国内规模最大的涉农中小企业集合票据，发行金额 4.3 亿元，信用等级 AA，发行期三年，发行利率 6.65%，7 家参与发行企业涵盖了涉及肉类产品深加工、养殖、食用菌、屠宰、动物饲料等多类涉农加工行业，获得了"发行金额最大、当时利率最低、菜篮子覆盖面最广、认购投资人最多"的业内美誉
2012 年 12 月	公司首只集合信托产品"北京市农民专业合作社集合信托"成功发行，该信托产品也是国内首只以农民专业合作社为支持对象的信托产品。集合信托是公司支持北京市农民专业合作社发展、拓宽农民专业合作社融资渠道、引导金融机构将更多资金投放到"三农"领域、创新担保业务品种的重要举措
2013 年	公司在小微融资方面相继推出迅易保、青年创业小额贷款产品、江川金融、臻信小贷等产品；积极推动与北京市旅游发展委员会建立"京郊旅游融资担保平台"工作，争取京郊旅游融资托管资金

续表

时间	大事记
2014 年	承接北京市旅游发展委员会牵头的京郊旅游融资担保平台。 通过担保放大效用解决京郊旅游相关产业融资问题，推动京郊旅游产业转型升级，提高京郊农民收入水平和农村多功能性发展
2015 年 1 月	第三只农业中小企业集合票据发行。 为首农集团下属三元种业、峪口禽业、爱拔益加、百年栗园四家企业融资 2.35 亿元
2015 年	合作推"福农卡"担保业务，对接北京农村商业银行的涉农贷款产品，为涉农中小微企业、个体工商户、农户提供便捷的融资服务。 "福农卡"担保业务设计出创新性的风险控制手段以保证产品的持续有效运行，做到银担风险共担、优势互补。公司下调担保费率以突出该产品支农惠农的初衷。2015 年前 11 月，"福农卡"项下新增担保项目 2514 个，担保规模达 6.5 亿元

资料来源：根据北京市农业融资担保有限公司官方网站资料整理，http://www.bjnydb.com.cn。

3.2.4 探索成立农业投资机构

北京市农业投资有限公司（以下简称北京农投公司）成立于 2008 年 12 月 26 日，注册资本金 10 亿元，是北京市政府出资、授权首创集团组建的，北京农投公司是肩负着金融支农、惠农、强农使命的创新型农业投融资平台。截至 2016 年，北京市政府累计追加投资 21.5 亿元，北京农投公司注册资本金增至 31.5 亿元。

北京农投公司两大主业分别为"创新型农村金融服务"和"农副产品流通服务"。在金融方面，北京农投公司致力于构建创新型非银行农村金融服务体系，已经设立了农业产业投资基金、农业融资担保公司、小额贷款投资管理公司、农副产品交易所、农村产权交易所、农业融资租赁公司、涉农商业保理公司等多个金融服务平台，为首都"三农"用户和中小企业提供了大量多元化、多角度的金融服务。

2009 年中央一号文件提出，"鼓励在有条件的地区成立政策性农业投资公司和农业产业发展基金"。2009 年 6 月 12 日，北京农投公司与金石投资有限公司签订《北京金石农投基金管理企业（有限合伙）合伙协议》，共同发起设立基金管理机构——北京金石农业投资基金管理中心（有限合伙）。经北京市人民政府批准并报中国证监会同意，2009 年 9 月 14 日，北京农投公司与金石投资有限公司、基金管理中心签订《北京农业产业投资基金（有限合伙）合伙协议》，共同发起设立北京农业产业投资基金，成立国内首家专业化的农业产业投资基金。2010 年 12 月 10 日建信信托有限责任公司加入北京农业产业投资基金。基金首期 10 亿元人民币，采用私募股权投资基金运作模式，通过股权投资及提供增值服务推动被投企业走向资本市场。北京农业产业投资基金重点投资领域为高科技农业、生态农业、循环农业、农产品精深加工、食品饮料、食品安全相关业务链以及新商业模式在农业领域的应用。基金拥有一支在农业、投资、企业管理及资本运作上有复合知识背景及经验的投资团队，可为被投企业提供专业化的资本运作增值与产业运营增值服务①。

3.3 北京农业金融综合改革试验成效

2009 年 1 月，北京市批准在大兴区建立全国第一个农村金融综合改革试验区，2011 年 12 月被批准为全国农村金融综合改革试验区，其改革目标是建设多元化、多层次的农村信贷体系，点、线、面相结合的农业投资体系，形式多样的农业保险体系，多种形式的农业担保体系和以"三信工程"为核心多层次的农村信用体系，加快以农村信贷为主导、农业投资为补充、农业担保为纽带、农业保险为后盾和农村信用为基础，商业性金融、合作性金融、政策性金融相结合的农村金融综合支撑服务体系。大兴区农村金融综合改革试验区以"超前探索、创新制度、重点突破、先行先试、封闭运行"为原则，"以试验项目为依托，在农村改革的重点领域和关键环节开展探索试验和制度创新"，取得了丰硕成果。

3.3.1 积极培育新型金融机构，不断完善农村金融体系

大兴区抓住国家鼓励设立新型农业金融机构的机遇，积极培育、发展小额贷款公司、村镇银行、资金互助社等新型机构。在全市率先筹建了由国有企业、民营企业和自然人共同出资组建的北京兴宏小额贷款公司，该公司贷款利率灵活、审批周期短、贷款方式多样化（包括抵押贷款、担保

---

① 参见北京金石农业投资基金管理中心官方网站 http：//www. agri – fund. cn/t。

贷款、信用贷款）；大兴区庞各庄镇梨花村在村股份经济合作社内部成立了全市首家"农村信用互助合作社"，参与农户约 60 户，筹集社员股金 106 万元，57 户参与分红，总金额共计 8.4 万元，5 户社员获得 100 万元贷款。此后建立的青云店镇"东辛屯村民俗旅游信用互助社"参与农户约 30 户，筹集社员股金 100 万元。同时，建立了 2 家北京第一批村镇银行。到 2012 年初，大兴区全区已有 17 家银行金融机构支行、4 家证券期货类金融机构营业部、2 家村镇银行、4 家小额贷款公司、6 家担保公司，以及全市首家"三农"信贷专营机构、全市首家农业担保公司（刘钢，2012）；到 2016 年，大兴区已经逐步形成以农业信贷为主导、农业投资为补充、农业担保为纽带、农业保险为后盾和农村信用为基础的五大农业金融体系建设，实现了涉农金融机构全面覆盖。截至 2015 年底，大兴区涉农贷款余额为 43.38 亿元，北京大兴华夏和北京大兴九银两家村镇银行贷款余额为 12.03 亿元；2015 年全区涉农保险涵盖 19 个险种，总保费为 6523.55 万元，总保额为 13.61 亿元，累计赔付 3198.63 万元，有力保障了大兴区"三农"发展（赵方忠，2016）。

3.3.2 创新农村金融产品和服务方式，延伸金融服务链条①

随着北京城市化进程的加快，大兴区作为与中心城区联结的近郊区，呈现出农村城镇化、农民市民化和农业与第二、第三产业融合的趋势，以及由此而来的农村集体经营性建设用地入市和"两权"抵押贷款，大兴区鼓励辖地金融机构创新金融产品，改进服务方式，延伸金融服务链条。

2015 年 1 月，中共中央办公厅和国务院办公厅联合印发《关于农村土地征收、集体经营性建设用地入市、宅基地制度改革试点工作的意见》，授权北京市大兴区等 33 个地区开展农村集体土地改革试点。大兴区金融办、区财政局、试点办和西红门镇、黄村镇、庞各庄镇、魏善庄镇等 11 个镇，以及中国工商银行、中国农业银行、中国银行、中国建设银行等 14 家银行召开了"农村集体经营性建设用地融资对接会"，探讨农村集体经营性建设用地融资工作，2015 年，大兴区西红门镇与中国建设银行签订集体土地改革试点战略合作协议，全面推进大兴区农村集体经营性建设用地入市试点进程，促进区域产业结构优化升级。

---

① 相关数据资料来自大兴区金融工作办公室官方网站 http://www.dxjrb.com/web/jrb/。

针对大兴区集体经营性建设用地入市试点工作涉及的土地整治、开发建设、产业运营3个阶段的资金需求，北京农村商业银行推出包括土地整治贷款、开发建设贷款、产业运营贷款、商业用房按揭贷款4款子产品在内的专项融资产品。2016年1月15日，北京市大兴区西红门镇2号地小B（2-004）地块使用权顺利拍卖，这是北京市首块农村集体经营性建设用地入市。北京农村商业银行竞得试点项目独家承办资格，为该项目提供34亿元授信支持，截至2016年末已放款23.29亿元。得益于该项目的推动和政府、金融机构的合力推动，大兴区农村金融改革试验实现了集体经营性建设用地全链条的金融支持。中国建设银行、中国农业银行、国家开发银行对西红门镇、旧宫镇城乡接合部改造项目累计提供33.42亿元贷款支持，大大提高了集体土地的市场价值。

2015年，国务院印发了《关于开展农村承包土地的经营权和农民住房财产权抵押贷款试点的指导意见》等。大兴区于该年成为全国首批"两权"抵押贷款的试点地区。2015年11月6日，大兴区金融办、区农村工作委员会、区经管站、区改革办与北京农村产权交易所、大兴区内担保公司及中国农业发展银行、中国农业银行、交通银行、邮储银行、北京银行、北京农村商业银行、华夏村镇银行、九银村镇银行等举行农村承包土地的经营权抵押贷款试点工作座谈会和工作推进会，对农村承包土地的经营权确权、颁证、抵押、交易流转、贷款以及涉及相关法律等方面的问题和试点工作推进情况进行探讨和交流。之后，北京银行、华夏村镇银行等针对农村承包土地经营收益权贷款等开展了相关业务。针对大兴区以及平谷区的农村承包土地经营权抵押贷款试点工作，北京农村商业银行根据监管要求，制订了推动配套金融创新方案，就试点政策、确权颁证进展、抵押操作流程等与北京市农村工作委员会、两区金融办、北京农村产权交易所协调沟通，推出了农村承包土地经营权抵押贷款产品，成为首家办理该业务的金融机构①。

3.3.3 完善农业金融基础设施，推动农业金融稳定可持续发展

大兴区配套建立有利于农业金融持续发展的风险控制、风险补偿、鼓励引导和融资追缴四大机制，调动和激发金融机构参与农业金融市场的积

---

① 首单项目是平谷区诺亚农庄项目，北京农村商业银行为该项目提供授信额度500万元。

极性，引导更多的金融资源投向"三农"。目前逐步构建起商业性金融、合作性金融、政策性金融相结合，资本充足、功能健全、服务完善、运行安全的农业金融支撑服务体系。

一是构建农业投资和担保体系。在北京市级农业投资公司、农业融资担保公司、农业基金等先后设立之后，大兴区建立了区级农业投资公司、风险投资机构和股权投资基金。2009 年 8 月大兴区农业担保公司成立，建立了重点企业贷款联系制度，为涉农贷款提供担保服务。

二是完善农业保险体系建设。在已有种植业险种的基础上，新增了奶牛险种，进一步扩大种植业与养殖业承保范围。同时，落实农业直补、政策性农业保险等各项政策，不断扩大政策性农业保险覆盖范围，鼓励引导商业性和互助性保险开发推广农业保险新险种，进一步降低农业贷款风险。

三是推进农村信用环境建设。逐步建立完善以信用户、信用村、信用镇"三信工程"为代表的农村信用体系，构建"守信受益、失信惩戒"的信用激励约束机制，提高农民信用意识，改善信用环境。鼓励金融机构对"三信"在贷款、参保等方面开设绿色通道，给予优惠扶持，农户联保、合作社担保的尝试初步取得成功，为"三农"间接融资和直接融资奠定良好基础。

四是畅通农村支付结算渠道。采取措施，延伸支付系统覆盖面，开展特色支付结算服务，便利农村和农民支付活动。北京农村商业银行在大兴区设立了北京市首家提供错峰延时服务的社区银行；北京银行在青云店镇东辛屯村推出了自助金融一站式服务区，满足农民"投资理财、贷款创业、支付结算"三方面核心金融需求；中国农业银行、北京农村商业银行、北京银行等多家金融机构参与农村基础金融服务"村村通"工程建设，农村金融服务的便利性逐步得到提升。

4 北京农业金融体系存在的
问题及原因

4.1 北京农业金融服务供需矛盾

改革开放 40 年以来，尤其是最近 10 年以来，北京农业金融服务积极探索适应市场需求变化，初步形成多层次、多样化、适度竞争的格局，推动农业金融服务的便利性、可得性持续增强，服务覆盖面不断扩大，服务能力和服务水平有了较大提高，有效支持了北京农业经济的发展。但是，金融支持和绿色农业产业发展的金融需求之间仍然存在一定的差距，仍然需要进行积极的改革和创新，开发出能迅速推进绿色农业产业发展、符合现代农业发展特点的产品和服务。

4.1.1 北京绿色农业发展的金融需求特点

随着绿色农业产业化发展的不断推进，北京农业金融市场基础和发展环境正面临着重大变化。

一是农业金融服务需求主体发生转变。目前北京农业第一、第二、第三产业不断融合，农业生产组织方式不断分化，正从农户的"小而散"的生产向"区域相对集中，规模适度扩大"的"龙头企业 + 生产基地 + 合作组织""基地 + 合作组织 + 农户""种养 + 产供销 + 内外贸 + 农工商"的产业化转变。农业生产组织方式分为以下三种：①资金、技术、管理和信息密集型的公司化农业企业，主要是规模经营设施农业、标准农业或畜牧业的农业产业化龙头企业；②以专业大户、农业专业化合作组织、家庭农场为代表的实现一定规模化的新兴农业经营主体；③传统的小农生产方式（张承惠和潘光伟等，2017）。同时，北京市各区县经济发展存在一定的差距，经济结构和市场结构存在不同，区县之间农村金融需求存在较大的差别。农村中经济主体呈现异质化趋势，乡镇企业正逐渐分化为农村资源型乡镇企业、形成中的龙头企业、完整形式的龙头企业；农户分化为贫困农户、维持型农户和市场型农户。不同类型的经济主体金融需求存在较大差异（李军峰等，2009）。这要求重视不同层次的生产组织方式和经营主体对金融服务的不同需求特点，改进金融产品的种类、期限，创新金融服务。

二是农业金融服务需求结构出现了全面性、多样性、创新性的要求（王迅，2012）。北京现代农业生产的外延不断扩张，以第一产业为基础延伸产业链条，拓展到第二产业和第三产业，不仅包含种植环节，而且还包括生产资料供给、农产品加工、流通等环节，并打通第一、第二、第三产业界限，不断促生新兴业态。现在融资需求更多地集中在农业产业化经营、特色农业、休闲农业、品牌农业、农副产品精深加工、农产品电子商务等方面（张红宇等，2016）。由于京郊农村经济比较活跃，农户创收渠道较多，传统教育、医疗支出、种肥的资金一般农户都可以自行解决，而第一、第二、第三产业投资需求不断加大，并正在逐渐取代教育支出和医疗支出，居农贷用途的第二位和第三位（曹伟，2011），且单户贷款需求额增大（李海平，2011）。即贷款用途由单一流动资金用途扩展到固定资产投资、技术更新等发展型用途。产业化经营的农业小企业、家庭农场的资金需求主要用于短期流动资金周转，而农业产业龙头企业除了流动资金外，更多的是对长期发展资金的需求。农业产业化生产和经营的发展、农业产业链和价值链的延长、农业生产技术的提高、农业生产周期的缩短和生产、加工频率的加大，使金融需求更加全面多样，资金需求数量变大、频率加快，资金使用时间更加集中。这要求金融服务要顺应其信贷需求复合化、多样化、大额化、长期化、动态化以及信息化的特点，配合农业产业结构调整、农业发展方式的转变。

4.1.2 北京农业金融供给的不足

一是信贷供给总量不足。尽管涉农贷款绝对量一直在增长，但与日益增加的农业产业融资需求相比，仍有较大差距。北京市涉农贷款中，北京农村商业银行、农发行北京分行、农行北京分行三家金融机构涉农贷款占全市涉农贷款总量的比重较大。但中国农业银行主要追求商业化经营，农村业务有所萎缩；中国农业发展银行业务范围相对较窄，功能单一，信贷支农的作用在一定程度上趋于弱化；北京农村商业银行是京郊农业贷款的主要支撑力量，对"三农"的支持力度较大，但由于商业化经营目标的驱动，也有较多资金流向非农产业（袁冰，2008）。这导致仍然有较多农业经营主体面临融资约束（张红宇等，2016）。

二是金融服务供给多元化程度不够。一方面，从需求来看，农户、家庭农场、农民专业合作组织、农业龙头企业等群体的融资需求都比较突出，但从供给来看，对农业龙头企业供给较好，而对一些盈利水平较低或风险较高而需求程度更高的农户、家庭农场和发展程度较低的农民专业合作组织等则供给不足。另一方面，以往涉农贷款以小额信贷为主，但随着农业产业化的发展，公司化和规模化的新型农业经营主体流动资金和固定资产投资需求加大，如在丰台、大兴、通州等近郊区县面临的需求大多是较大型涉农企业的农产品深度加工项目，但现有短期、小额贷款一般不能满足其需求（张红宇等，2016）；在密云、延庆等远郊区县，种养业小额信贷包括一些小型手工业和家庭农副业的贷款是需求大头。但在实际中，一方面，大多数家庭农场主都希望提高贷款额度，另一方面，小额信贷的成本相对较高，贷款质量较差，金融机构对其一般放贷较为谨慎，供需矛盾较大（袁冰，2008）。

三是金融产品创新力度不够。一方面，在不同地区、不同群体、不同产业、产业的不同环节、不同经济结构和不同市场结构的金融需求存在多层次性和个性化。有农户小规模生产经营的资金需求，有专业户对规模化种养、专业化生产或发展第二和第三产业的大额贷款、结算、金融咨询、租赁等金融需求，还有教育、住房、医疗等因素导致的需求。另一方面，随着农业结构调整力度不断加大，对农业贷款的需求在期限上更加多样化，整体期限相对延长。这要求农业金融产品和服务要不断创新，包括贷款品种、期限、利率、额度等方面的创新，担保抵押工具的创新，风险管理工具和方式的创新。但是由于诸多因素的制约，农业金融创新能力仍然不足。传统的贷款业务服务品种单一，往往只适合传统的种植和养殖业，贷款程序复杂、贷款条件苛刻，创新主要是模仿和借鉴，以吸纳性创新为主，特色和原创性创新很少，创新产品具有很强的同质性，使金融产品供给与金融需求出现错位。一方面导致了多样化的资金需求得不到满足；另一方面金融机构资金又不得不在农业以外寻找资金出口（刘锁贵和李勇，2015）。

四是金融机构协同推动农业产业化发展的机制不够健全。当前，北京正处于农业经济结构调整和转型的关键时期。深化银行类金融机构、农业担保公司等非银金融机构以及信用评级机构等的合作，充分发挥各自的比较优势，形成对农业产业化的扶持合力，有利于推进农业结构战略性调整，壮大农业龙头企业和农民专业合作社，促进农民持续增收。如利用中国农业银行面向"三农"、城乡联动、具有为农业产业化经营提供专业化服务的体制、机制、渠道和产品的优势，利用农村商业银行农村基层网点较多、服务"三农"能力较强的优势，与农业担保公司等密切合作，形成金融机构之间风险共担、利益共享的机制，可以加大对农业产业化的金融支持。但总的来看，目前金融机构之间缺乏有效对接，从而制约了农业产业化发展。

4.2 农业金融市场固有的特点

农业金融服务的主要对象是各类农业生产经营主体和农村中小微企业。一般而言，农业金融服务的信用风险和金融机构成本较大。

首先，农业具有投资周期长、市场风险和自然风险高以及盈利低的特征，这些因素意味着客户的还款能力缺乏保障（张承惠和潘光伟等，2017）；同时农户信贷存在交易额度小、交易分散、贷款经营规模不经济的问题。因此农业金融风险相对较大、单笔获客成本较高，回报相对较低。

其次，农业金融市场是一个典型的信息密集型市场。金融机构和农户、农企之间信息高度不对称。一方面，客户的财务报表缺失或财务数据不可信（张承惠和潘光伟等，2017）；另一方面，金融机构收集和甄别借款人信用状况的信息成本、监督借款人借款之后行为的监督成本以及督促借款人还贷的成本极高。

最后，农业金融市场是一个典型的担保抵押密集型市场。担保和抵押是克服金融市场上信息约束问题的有效手段，但是，农户和农业中小企业一般不能满足金融机构的担保和抵押条件，无法提供有效的质押物和抵押物，只能走担保这条路，但农业担保市场主体明显不足，金融机构不愿意贷，农户和企业贷不了，卡在中间的就是担保抵押。而且担保抵押缺失加剧了信息约束问题的严重程度。

由于信贷市场上的信息约束问题和担保抵押缺失问题，逆向选择和道德风险就成为农业金融市场的常态，从而导致了市场的低效。

不完全信息在农业信贷市场上至少造成了三个低效：逆向选择、事前道德风险和事后道德风险。

（1）逆向选择。逆向选择发生在贷款发放之前的阶段。在借贷合同发生之前，由于信息不对称，金融机构缺乏可靠的信息来甄别借款人的还款能力和风险程度。如果金融机构具备关于借款人还款能力和风险程度的信息，那么金融机构可以针对借款人还款能力和风险提供相应的控制风险的贷款合同，如要求利率和抵押要求不同的特定借贷合同（Ghatak 和 Guinnane，1999；Ghatak，2002）。由于较之风险较低的借款人，风险较大的借款人项目失败、不能还款的可能性更大，从而更容易失去抵押物，所以他们倾向于选择高利率、低抵押的借贷合同，而风险较低的借款人恰恰相反。但是如果甄别、筛选借款人的成本极高，而且担保抵押缺失，金融机构只能对所有的借款人要求同样的利率，借此来补偿客户群中含有危险客户的风险，问题在于金融机构不能发现一个既对所有的借款人都具有吸引力，且允许金融机构覆盖成本的利率（Armendáriz de Aghion 和 Morduch，2005）。结果就是安全客户被排斥出信贷市场，还贷率将会降低。这一类由信息不对称引致的市场低效就是逆向选择（Stiglitz 和 Weiss，1981）。

（2）事前道德风险。事前道德风险是信贷市场上道德问题的第一个层面。事前道德风险发生在贷款发放之后、生产项目收益实现之前。它的产生是由于信息不对称，金融机构无法监督借款人在借款之后的私人行为，包括投资项目的风险、资金的用途，或者借款人在执行项目过程中的努力程度。借款人会选择对自己有利的行为，如投资高风险项目，或者将贷款挪作他用，或者在执行项目的时候少付出或者不付出努力。借款人的事前道德风险影响到产出概率和还贷概率（Simtowe 和 Zeller，2006）。担保抵押的存在可以降低借款人的事前道德风险，但是由于有限财富、有限产权，有效抵押物不足，事前道德风险成为农业信贷市场发展的一个主要约束（Stiglitz，1990）。

（3）事后道德风险。事后道德风险是信贷市场上道德风险的第二个层面。事后道德风险通常又被称为"强制执行问题"（Armendáriz de Aghion 和 Morduch，2005），或者"策略拖欠"问题，即在项目成功、借款人有能力还款的情况下，借款人不愿意还款而故意逃债。当金融机构不能观察到借款人投资的真实收益时，借款人很容易隐瞒信息和转移投资收益，却向银行谎称投资失败；或者即使金融机构观察到借款人的真实收益，却因为缺乏抵押物而不能强制借款人还款。在发生事后道德风险的时候，银行将承担放贷的损失。

不完全信息下的逆向选择和道德风险导致的信贷配给是农户、农业企业融资约束的主要原因（Stiglitz，1981；Wette，1983），农户、农村企业盈利能力低、资金需求规模小、期限短和随机性强等特点也增加了融资难度（Scott，2003；Berger，2007）。同时，农村信用环境在一定程度上制约了金融供给。信用不足是金融机构不愿过多涉足农村金融市场的重要原因。尽管北京市通过"三信工程"建设，农村信用环境有所改善，但仍然存在农村信用环境欠佳、信息不对称、金融机构顾虑信贷风险大等客观现实。信用的不确定性和司法支持乏力等的综合作用，在一定程度上造成金融机构不敢贷、不愿贷（曹伟，2011）。

4.3　北京农业金融体系改革与制度变迁的特征

4.3.1　渐进的市场化过程

北京农业金融体系改革与制度变迁，采取了渐进式战略。从 20 世纪 70 年代末期开始，到目前为止，北京农业金融先后已经实施的改革和创新举措主要包括：（1）成立中国农业银行北京分行；（2）对农村信用社放权让利，下放经营权；（3）对农村信用社进行恢复"三性"（组织上的群众性、管理上的民主性、业务经营上的灵活性）的改革，中国农业银行北京分行加快商业化步伐，包括全面推行经营目标责任制、对信贷资金进行规模经营等；（4）中国农业银行北京分行企业化经营、商业化发展；（5）成立中国农业发展银行北京分行，农村信用社与中国农业银行脱离行政隶属关系；（6）按照合作制原则重新规范农村信用社；（7）北京农村信用社改制为北京农村商业银行，管理权归北京市政府；（8）发展新型农村金融机构，并允许社会资本参与。这些改革和创新的过程，实际上就是一个政府逐渐放松市场准入管制，构建公平的市场准入和退出机制，逐步放松农村金融机构业务创新限制，更多地利用市场机制发挥作用的过程（刘磊，2016）。这一渐进的市场化过程，根据现实情况在发展中及时调整思路与方向和解决问题，通过体制机制创新来迎合农业金融不断变化的需求，一方面促进了农业金融供给机制的逐渐完善；另一方面形成了农业金融机构的多元化格局。同时，渐进式改革和制度变迁的另一个特征就是持续时间比较长，实现成本较高（何广文，2007），这个过程也是一个不断试错的过程，改革举措实施的频率较高，政策比较多变，改革参与者和利益相关者对改革的预期和目标缺乏正确的把握，或者无所适从。在触及现有制度面临深层次问题时，一般是把改革的矛盾和困难后移，希望制度变迁的社会成本最小，导致一些改革举措没有全面付诸实施或者效果没有达到改革设计初衷，还产生了一些没有预料到的新的成本（何广文，2007）。

4.3.2 政府主导和参与的自上而下的制度变迁过程

1979 年以来，我国农村家庭联产承包责任制的实行和推广、乡镇企业和农村个体民营企业的兴起使农村经济主体的产权关系进一步明晰，极大地促进了我国农村经济的发展，这两次具有历史意义的变革，都采取了自下而上的诱致性制度变迁方式。我国农业金融制度长期依附于农村经济制度，但农村金融改革滞后于城市金融改革，造成了城乡二元金融结构的现实落差。农村经济制度与农业金融两种改革不一致的路径选择，演绎着农村金融与农村经济不协调的发展（中国人民银行抚州市中心支行课题组，2005）。

我国农业金融体系发育程度较低，各种问题和矛盾纷繁复杂，需要创新各种制度安排来解决。北京市正规农业金融体系的改革是政府主导的自上而下的机构演进过程，其主要特征是政府主导农业金融制度的供给。尽管政府从规范农村金融市场、维护农民切身利益和降低农业金融交易风险出发，设计、实施了必需的制度安排，并且由于政府的推动，新的制度安排取代旧的制度安排摩擦阻力较小（刘磊，2016），但是在自上而下的制度变迁中，无论是对原有制度安排的变更和替代，还是创造新的制度安排，大都是从政府本身的需求出发来制定改革的目标和措施，沿着"自上而下、行政推动、供给先行"的路径，以政府命令、文件的方式贯彻实行（李小勍，2010），导致很多方面可能与市场需求脱节，远离农户和农业小微企业，没有充分体现农村微观金融主体对金融服务的多样化需求。

由于在正规金融制度安排下，农村微观金融主体日益增长的金融需求无法得到充分满足，部分农户、农业企业转向从各种非正规的融资形式和制度中寻求金融产品和金融服务。各种非正规农业金融制度安排，占了农村融资一定的比重，部分缓解了"三农"对资金的需求并担当起农村资源配置的功能（匡家在，2007），在一定程度上对提供农业生产经营资金、活跃农业金融市场、提高金融效率等方面起到了积极作用（李小勍，2010），这实际上反映了正规农业金融供给不足的状况。但是，自上而下的制度变迁使内生于广大农村融资中的非正规农业金融不能得到合理的演进和正常的发展（刘磊，2016）。长期以来政府并没有认可非正规农业金融，主要是基于以下考虑：（1）防控金融风险，非正规农业金融市场一旦出现危机，可能会扰乱正常的经济社会秩序；（2）由于金融的重要性和敏感性，政府要加强对金融的管理和控制；（3）为了维持正规金融的主导地位和既得利益，防止非正规金融的竞争对其存在和发展构成威胁（杜彪，2007；匡家在，2007）。因此，非正规农业金融进入农业金融市场的壁垒和成本较高。在缺少政府规范和引导下，加上自身固有的缺陷，非正规农业金融并没有形成应有的与正规农业金融制度的良性互补（李小勍，2010），发育层次较低，运作很不规范，存在较大的金融风险和社会不稳定隐患，在一定程度上阻碍了农村经济和农业金融的健康有序发展。

因此，政府主导的自上而下的农业金融制度变迁的经济绩效在特定历史时期也许是最大的，但从整个历史进程来看却未必是最优选择（刘刚，2006）。

4.3.3 多元利益主体参与的改革过程

农业金融改革措施和政策是在各级政府、金融机构和农户等农业经营主体博弈过程中产生的。自上而下的制度变迁路径依赖的深层次原因在于其中的利益机制（谢家智和冉光和，2000），且利益机制不断自我强化。

就中央政府来说，为了实现对农村金融的宏观调控和对金融资源的优化配置，就需要对农村金融的宏观控制权；地方政府往往具有强烈的经济扩张动机，会试图通过对金融资源配置进行干预和控制实现地方利益。农业银行作为农村金融机构的重要主体，农业金融制度变迁必然涉及其利益。农村信用社（农村商业银行）作为农业金融的主力军，是自然的利益主体。从北京市农业金融改革历程来看，一般是先易后难，分步推进，即在不损害既有利益者利益的同时，逐步引入制度增量，直到新的制度得以成长并为改革旧的制度创造条件以后，再推动旧制度的改革。如在不触动农村信用社（农村商业银行）在农村金融结构中的主导作用的前提下，逐步允许其他新型金融机构介入，逐渐扩大市场化农业金融机构的数量和规模，并允许一定范围内的市场竞争。这样的制度变迁的发展思路，可能会在实际上加大改革的实施成本和累积问题（刘刚，2006）。

4.3.4 机构观指导下的演变过程

回顾北京农业金融体系改革和演变过程，可以发现其遵循着"结构—

功能—行为绩效"的思路，是典型的"机构观"思想（雷启振，2010）。机构主义金融或金融机构观主要是基于金融机构的视角来研究金融体系。这一观点认为金融市场活动主体及金融组织是既定的，并有与之配套的法律规章来规范其运行。只有在现有的金融结构框架下，金融才能发挥其经济增长的作用，现有的金融机构和监管部门都力图维持既有组织机构的稳定性，所有改革只能在该既定的框架下进行，即使可能会牺牲效率。机构观指导下的农业金融体系构建，首先研究的是金融机构设置问题，然后据此赋予其相应的功能，在既定框架下通过行为绩效判断其功能实现的效应（蔡四平，2006）。

北京农业金融服务体系的构建、改革和演变，注重的是农业金融机构的存在形态，采取了机构范式改革。这一改革路径有两个重要特征：一是农业金融体系的每一次变动，基本上都是围绕着金融机构的调整来进行的；二是机构的调整基本上属于一种自上而下的政府行为（祝健，2007）。在很多时候，改革基本上属于原有机构的分工与重组，即着眼于中国农业发展银行、中国农业银行和农村信用社等机构的分合（包括邮政储蓄银行的设立），只触及农业金融组织结构框架的某个或某些方面，没有深入认识和建设农业金融市场的整体功能，缺乏对多样化的竞争主体和有效竞争机制的培育，忽视了农业生产、农民生活和农业经济对金融资源多层次、多元化的需求。其结果是农业金融机构的设立、业务范围的界定及机构功能的定位难以真正体现农户等农业经营主体的意愿和农业经济发展的需要，难以提高农业金融效率（雷启振，2010）。

4.4 对北京市农业金融体系改革路径的反思

机构观指导下的由上而下的制度变迁的局限性在于，它在政府主导下，着眼于既有农业金融体系的改革，但没有深刻回答农业金融改革的目的是什么以及农村金融体系到底应承担何种功能等基本问题（姚耀军，2006）。当经营环境变化以及金融机构赖以存在的基础技术以较快的速度进行革新时，由于与其相关的法律和规章制度的制定滞后于变化，金融机构的运行可能会变得无序，从而会削弱金融发展对经济增长产生的支持作用（姚耀军，2006；蔡四平，2006）。

4.4.1 自上而下的"机构"路径制度改革的缺陷

4.4.1.1 忽视了对竞争机制的培育

农业金融的改革并不是合作制与商业化、合作制与股份制的简单选择的命题，而是金融机构应该具有什么功能的问题。北京农业金融领域几经改革，在商业化和合作化两个方向上仍然面临许多难以克服的困难和障碍，封闭运行的政策性金融似乎也没有达到预期的目标，原因在于自上而下的"机构"路径制度改革忽视了对竞争机制的培育。

金融竞争机制的培育是农业金融市场高效运转的前提。而金融竞争机制的完善，不仅需要规范发展现有的金融机构，还要注重培育新的竞争主体，使不同所有制性质的金融机构之间相互竞争，共同发展。但长期以来，自上而下的"机构"路径制度改革在这方面存在缺陷：首先，缺乏完善的农业金融市场准入机制，无法促进农业金融同业的良性竞争，导致金融资源配置效率较低；其次，缺乏有效的市场退出机制和存款保险制度，无法在保护存款人利益的同时使资不抵债、亏损严重的金融机构退出市场，容易引发道德风险和逆向选择；最后，不能引导发展良好的民间金融从地下走到地上。

4.4.1.2 忽视了外部环境的区别

外部环境的特征就是农业金融需求的特征，因此农业金融体系的安排首先要适应外部环境，但自上而下的"机构"路径制度改革忽略了外部环境的特征（姚耀军，2006）。随着北京农村地区的不断发展、城乡一体化水平和农业产业化水平的逐步提高，农业发展由分散经营向规模化、集约化、产业化经营转变，产业结构从以生产为主向生产、加工、流通、服务联动发展转变，农产品精深加工业、会展农业、观光休闲农业、创意农业、农产品电子商务等新产业、新业态和新商业模式快速发展，农业产业化龙头企业、农业合作经济组织、家庭农场等新型农业经营主体不断涌现，农业金融服务需求不断发生变化。各区县地理位置、资源禀赋、基础设施、产业结构和经济政策不同，金融需求也千差万别。有的区县金融需求主要来自非农部门，有的区县需求主要在于种养殖业，有的区县农村的金融需求则在很大程度上是用来满足由于产出的不确定性带来的生活方面盈余调剂。目前以农村商业银行为主体、形式较为单一的各个地方整齐划一的农业金融安排无法兼顾区域差别，无法满足不同农业经营主体对金融服务的需求。

4.4.1.3　忽视了政府干预的适度性

政府主导的农业金融体系改革要符合农业经营主体的需要，必须具备两个基本条件：一是政府完全了解农业经营主体的需要；二是政府的目标函数必须同农民的目标函数相一致。但是在现实中，这两个条件很难具备。一方面，对于不断变化的农业经营主体需求，政府有时不能准确地了解和掌握；另一方面，政府决策不能总是满足农民需求。根据不完全竞争市场理论，由于信息不对称等缺陷，仅仅依靠市场机制无法培育有效运行和有效配置资源的、完善的农业金融市场，因此政府有必要进行适当干预，通过制定一系列金融政策等，改善市场存在的信息不对称、市场不完全、合约不完备等缺陷，弥补市场的失灵。尽管农业金融市场缺少资金来源、融资中介或存在制度缺陷，但政府要选择正确的方式和手段，有效干预市场，其目的是完善市场体系，促进市场机制的发挥。同时政府要在法律、税收体系、监管、信用担保、资金支持、信息和技术支持等金融基础设施建设中发挥作用，促进农业金融体系可持续发展。

4.4.2　功能观指导下的农业金融体系改革思路

金融功能观或功能主义金融观主要基于金融体系的基本功能来分析和研究金融与经济的关系。诺贝尔经济学奖获得者默顿曾指出："现实中的金融机构并不是金融体系的一个重要组成部分，机构的功能才是重要组成部分。同一经济功能在不同的市场中可以由不同的机构或组织来行使。"

金融功能观有两个重要假设：一是金融功能比金融机构更稳定，即随着时间的推移和区域的变化，金融机构及其组织形式具有多变性，但金融功能的变化相对较小。如现代商业银行的组织设置和机构布局与早期的货币代管机构相比，已经发生了巨大变化，处于不同地域的银行其组织设置也不同，但履行的功能却大致相同。二是金融功能优于金融组织，即金融机构的功能比金融机构的组织方式更重要，只有金融机构不断创新和竞争，才能最终使金融体系具有更强的功能和更高的效率（博迪等，2013）。

金融功能观是从分析系统的目标和外部环境出发，从中演绎出外部环境对金融的功能需求，然后探究需要何种载体来承担和实现其功能需求（谢欣，2004）：资金动员、资金配置和分散风险（林毅夫，2003）。金融功能观认为，任何金融组织体系的主要功能都是为了在不确定的环境中帮助不同国家或地区之间在不同的时间配置和使用经济资源，因此首先要确定金融体系应该行使哪些功能，然后才设置和建立能最优行使这些功能的机构与组织，进而设计金融组织形态，建立市场机制，遵循的是"结构—功能—行为绩效"的思路（雷启振，2010）。

金融功能观所倡导的金融体系，追求的不是金融机构的多变性，而是金融组织结构功能的相对稳定，它致力于根据不同的金融功能来设计更有效地降低交易费用、提高金融效率的金融组织形态和建立市场竞争机制，这也是金融制度变革的最终目的（蔡四平，2006；何琳，2008）。按照功能视角进行的农业金融体系改革，要从农业金融体系所处的外部环境和经济目标出发，考察金融体系与外部环境之间的功能耦合关系，在此基础上，根据成本—收益原则，选择能满足外部环境对金融功能需求的金融形态和功能实现机制，执行农业金融功能的载体可以是各种经济组织形式，一项农村金融业务可以是几种功能的组合体，同一农村金融功能也可以由不同的金融产品来实现（蔡四平，2006）。

5 供应链金融的基本框架

5.1 供应链融资的基本概念和基本模式

5.1.1 供应链融资的基本概念

在供应链运营中，从原材料的采购、加工到产品销售等供应链系统的经营和管理整个过程，牵涉到供应链各环节企业的资金流动。在企业下达订单和接收货物之间，在接收货品到完成销售之间，在销售产品与下游客户支付货款之间，由于支出和收入的发生存在时间差，因此形成了有关企业的资金缺口。同时企业的库存管理也存在资金压力。基于供应链贸易业务开展过程中存在资金缺口的情况，供应链金融应运而生。

供应链金融是指金融机构（或供应链企业，即作为保理商、贷款平台的类金融机构①）从整个产业链或供应链出发，根据真实交易中构成的链条关系和行业特点，围绕核心企业，依托核心企业信用，有效整合物流、信息流和资金流，开展单个企业融资、链条上下游段落融资和"产—供—销"链条整体融资，实现链上信用的相互融合和资金的平衡分配，既为供应链各环节企业提供贸易资金服务，又为链上弱势企业提供新型贷款融资服务，从而实现整个产业链增值，形成融资企业、金融机构（或供应链企业）和核心企业的利益共享机制。

5.1.2 供应链融资的基本模式②

5.1.2.1 采购阶段的供应链融资——预付账款融资模式

预付账款融资模式也被称为保兑仓模式。在采购阶段，在上游核心企

---

① 此时为供应链内部融资。

② 供应链金融三种主要模式的比较 [EB/OL]. https：//www.sohu.com/a/219589023_100021005. 一文读懂供应链金融！[EB/OL]. https：//www.sohu.com/a/215823409_100015459. 刘新宇. 国内"互联网"+"供应链金融"业务研究报告 [EB/OL]. https：//www.sohu.com/a/164515243_313170.

业（供货方）提供承诺回购的前提下，中小企业、上游核心企业、第三方物流企业以及金融机构（或供应链企业）共同签订协议，金融机构（或供应链企业）以指定仓库的既定仓单为质押、控制中小企业（购货方）提货权为条件，通过代付采购款方式对融资企业融资。一般而言，产业链下游的采购方要向上游供应方预付账款，才能获得生产经营所需的产品和原材料。但是对中小企业来说，预付账款限制了其资金流动。在预付账款融资模式中，中小企业（购货方）采购阶段出现资金缺口，该企业和核心企业（供货方）签订购销合同，并约定由中小企业申请贷款用于支付购货款项。中小企业凭购销合同向金融机构（或供应链企业）申请仓单质押贷款，用于向核心企业支付货款。金融机构（或供应链企业）审查通过核心企业的资信状况和回购能力，与核心企业签订回购及质量保证协议，同时与物流企业签订仓储监管协议，代替中小企业采购货物。核心企业（供货方）在收到金融机构（或供应链企业）同意对中小企业（购货方）融资的通知后，向金融机构（或供应链企业）指定物流企业的仓库发货并将仓单交给金融机构（或供应链企业）。金融机构（或供应链企业）收到仓单后向核心企业拨付货款。中小企业缴存保证金后，金融机构（或供应链企业）向中小企业开具商业汇票并释放相应比例的货物提货权给中小企业，通知物流企业释放相应金额的货物给中小企业。中小企业获得商品提货权后，到物流企业仓库提取相应金额的货物。这一过程不断循环，直至保证金账户余额等于汇票金额，中小企业将货物提完为止，从而有效缓解其流动资金压力。

预付账款融资模式实现了中小企业的杠杆采购和核心企业的批量销售。对金融机构来说，有核心企业的回购承诺和第三方物流企业的提货权控制作为双重保障，在采购甚至物流、仓储以及销售阶段实质性掌握货权，有利于信贷风险的分散，保证金融机构的利益。对融资中小企业来说，获得金融机构提供的融资便利，减少了原材料对资金的占用时间，有效提高产品周转率和销售量，缓解全额采购带来的资金压力。对核心企业来说，通过帮助下游中小企业减少产品积压库存，批量销售，从而有效回笼资金，提高自身资金利用率。

5.1.2.2　运营阶段的供应链融资——动产质押融资模式

该模式属于生产阶段的供应链金融。中小企业在生产经营过程中的机械设备等固定资产和大量存货对资金产生压力。金融机构（或供应链企业）

等接受贷款申请企业以其所拥有的原材料、半成品或产成品等存货为质押品，与核心企业签订担保合同或质物回购协议，以质押品及其将来的收益进行还款。在这种模式下，中小企业以其自有货物向金融机构（或供应链企业）申请动产质押贷款，金融机构（或供应链企业）委托物流企业对中小企业提供的动产进行价值评估，按照货物的公允价值核定对中小企业的融资额度，与中小企业签订动产质押合同，与核心企业签订回购协议，并与物流企业签订仓储监管协议。中小企业将货物交由金融机构（或供应链企业）指定的第三方物流仓储监管，同时转移提货权但不转移所有权，物流企业收到货物后通知金融机构（或供应链企业），金融机构（或供应链企业）按规定的抵押率给企业发放授信贷款。当提货人遵守约定，金融机构（或供应链企业）收到偿还抵押的货款后，向第三方物流企业发送将提货权转移给提货人的指令。当中小企业违约时，根据担保合同或回购协议，由核心企业负责偿还或回购质押动产。

动产质押融资模式解决了中小企业因固定资产和存货占用资产的问题，为金融机构扩展了业务规模，缩小了信贷风险。

5.1.2.3 销售阶段的供应链融资——应收账款融资模式

应收账款融资模式属于销售阶段的供应链金融。上游企业因在销售阶段对下游企业赊销，回收款周期长或大量应收账款回收困难，资金周转不畅，导致阶段性资金缺口，资金需求呈现"短、急、频"的特点。这个时候可以通过应收账款进行融资。应收账款融资主要指上游企业以其与下游企业签订的真实贸易合同产生的应收账款为基础，以应收账款单据凭证为质押物，向金融机构申请期限不超过其应收账款账期、以应收账款为还款来源的短期融资模式。

应收账款融资的一般流程是，上下游企业签订贸易合同形成应收账款后，下游企业（一般为核心企业）开出应收款的单据凭证，供应商企业（上游企业，一般为中小企业）将应收账款单据转让给金融机构（或供应链企业）作为质押物来申请短期贷款，同时下游客户对金融机构（或供应链企业）做出付款承诺，随后金融机构（或供应链企业）为供应商提供信用贷款以缓解阶段性资金压力，当应收款收回时，融资方（上游企业）向金融机构（或供应链企业）偿还借款。在应收账款融资中，金融机构由以前考察中小企业的资信水平和财务状况转为关注核心企业的还款能力、风险程度以及产业链整体因素。对企业来说，应收账款融资可提前实现销售回款，加速资金流转，减轻买卖双方资金压力；对金融机构来说，由于信用等级高的核心企业与金融机构存在长期稳定的信贷关系，以应收账款质押为中小企业赢得资金支持，转移和分散了金融机构的部分贷款风险，增加了其利润点。

通常应收账款融资存在以下几种方式：

（1）保理。保理商（金融机构或拥有保理资质的供应链企业）通过收购企业应收账款为企业融资，并根据客户需求提供债务催收、销售分户账管理以及坏账担保等相关服务的金融业务或产品。保理业务期限一般在90天以内，最长可达180天，包括有追索权保理和无追索权保理。有追索权保理指到期应收账款无法回收时，保理商保留对应收账款卖方企业的追索权，企业需承担相应的坏账损失，有追索权保理实际上是以应收账款为担保的短期借款。无追索权保理指企业将应收账款出售给保理商，以获得短期融资，保理商没有对应收账款卖方企业的追索权，因此保理商需事先对与应收账款卖方企业对应的贸易企业进行资信审核评估，根据评估情况核定对应收账款卖方企业的信用额度。

（2）保理池。企业将一个或多个具有不同贸易对手、不同期限以及不同金额的应收账款打包一次性转让给保理商，保理商据此为企业进行融资放款。保理池可以有效整合零散的应收账款，可以降低多次保理服务的手续费用，有助于提高应收账款融资效率，同时下游货物买方的组合，在一定程度上有助于分散风险。但保理池同时要求保理商具有较高的风险控制能力，要求其对每笔应收款的交易细节进行把控，避免坏账风险。

（3）反向保理（逆保理）。保理商针对上游供应商因贸易关系持有资信能力较强的下游企业的应收账款，与下游企业达成反向保理协议，将应收账款转让给保理商，为上游供应商提供一揽子融资、结算服务。与一般保理业务的区别主要在于信用风险评估的对象转变。

5.2　供应链金融的特点和优势

5.2.1　供应链金融的特点

与传统的融资方式相比，供应链融资模式最大的特点就是把供应链上下游成员利益一体化，为整个产业链成员提供金融支持。

（1）从授信对象看，传统信贷模式的授信主体多针对单一环节或单一企业、农户等特定主体，在供应链金融模式下，金融机构将整个链条参与者纳入信用考察对象，授信基础是整个链条的竞争力和业务规模，链条内部不同环节之间信用"外溢"，各环节和各节点的核心企业、上下游中小企业等都被列入授信对象。

（2）从授信条件看，在传统信贷模式下，金融机构要考察借款人资产规模、盈利能力等，同时一般还要求提供固定资产或流动资产抵押，或者要求第三方提供担保，在此基础上才能决定是否授信以及授信额度。在供应链金融模式下，金融机构关键考察点是链条的紧密程度和整个产业链的风险，核心企业的业务规模、经营状况，以及申贷企业与核心企业的业务往来是否密切。即使某个环节达不到风险控制标准，只要上下游成员业务往来稳定，金融机构就可以放贷（李建英，2015）。同时金融机构创新担保形式，基于链条运行过程中的订单和由此产生的预付款、应收账款、库存等动产或权利作为担保，为申贷企业提供融资。

（3）从还款来源看，在传统信贷模式下，还贷的首要资金来源是企业一般资金，在供应链金融中，金融机构主要考察申贷主体与链条上其他主体的贸易自偿程度、交易的真实性和货物价值，金融机构与核心企业或物流企业配合，依托真实交易，封闭管控借款人的资金流、物流和信息流，申贷主体的收入自动导回到授信金融机构的特定账户中，优先用于还贷。

（4）从提供的产品和服务看，在供应链金融中，金融机构可以针对产业链整体提供一揽子产品和服务，包括为核心企业提供融资、结算、财务管理方案等；为上游企业提供票据承兑贴现、票据抵押贷款、应收账款融资、保理、保险等；为下游的物流企业、经销企业提供库存融资、物流保险等。另外，还可以提供现金管理、企业理财等综合金融服务。

基于以上特点，供应链金融主要通过以下两点来解决农业产业链参与主体的资金融通难题（周晓强，2012）：

一是利用核心企业或组织信用"外溢"效应，供应链参与主体直接融资。金融机构基于核心企业或组织的信用，评定产业链上下游企业和农户的信用，利用企业与企业的合作信用联盟（张贵益，2013），对链条中信用等级较低的中小企业进行信用增级，并通过各种供应链融资方式，对中小企业进行直接信贷支持。

二是以核心企业为基础，供应链内部融资。金融机构将整个链条纳入信用评价，进行评级授信，针对链条中的核心企业或组织授信，核心企业采取货物、预付款项等方式，组织并带动供应链其他相关环节或节点的生产经营，从而实现链条内部各参与主体之间交易信贷形式的资金融通。而金融机构则可以为链中各参与主体提供结算、代收账款等金融服务，促进资金在整条链条有效运转，提升供应链融资能力。

5.2.2 供应链金融的优势

供应链金融主要涉及的主体包括金融机构、供应商（上游企业）、经销商（下游企业）、核心企业，有时还涉及仓储机构以及物流公司。供应链金融运行的关键在于整合产业链上各类相关企业的信息流、资金流和物流，为中小企业提供金融服务。同时依托核心企业的资信实力与第三方物流企业的监管来帮助减少信用风险，实现产业链环节上各个节点的主体和金融机构多方共赢。

对金融机构来说，首先，供应链金融推动了产品创新，为其开拓市场，培育客户群体，改善对于大客户的高度依存度，为其带来了新的利润增长点。金融机构针对供应链条上各个环节主体的资金需求，可以通过供应链分析确切识别信贷需求，并针对特定环节的特定对象设计适当的金融产品。其次，金融机构可以通过供应链整体运行情况和链条上企业间的真实贸易关系来缓解金融机构与中小企业的信息不对称程度，降低金融交易成本。再次，金融机构可以通过对整个供应链的深入分析，更准确地识别和防控风险（李建英，2015）。最后，供应链针对的目标是流动性较差但具有良好的自偿性的资产，资金运作闭合，即资金链、物流运作按照合同约定的模式流转，注入的资金运用限制在可控范围之内，从而有效降低信贷风险。

对中小企业来说，供应链金融中金融机构整合核心企业与中小企业之间的资金流、物流与信息流，同时引入第三方物流企业，借助中介企业的渠道优势，利用核心企业的优良信用条件，以及供应链各环节融资主体的相互制约关系，将单个融资对象的风险评估转为对整个产业链交易的风险评估，金融机构不仅要看单个融资对象的信用状况，而且要看整个链条及关联各方的信用状况，通过将核心企业和中小企业进行信用捆绑的方式，对供应链中信用较低的中小企业进行信用增级，并为其提供资金支持，拓宽了中小企业融资渠道，并提升了其经营管理能力。

对核心企业来说，供应链金融把产业链上下游成员利益一体化，实现产业链不同节点交易过程中的融资，提升供应链的协调性，降低其运作成本，有助于构建强大的产业链体系，提升整体产业链竞争优势，避免因中小企业资金断层而危及整个产业链，实现整体链条价值增值。

6 农业供应链融资机理研究

6.1 供应链金融运行的内在支持——产业链中的社会资本

农户和农业企业的发展与其能否获得足够的融资支持密切相关。由于仅靠内部积累难以满足全部资金需求，同时农业企业一般达不到发行股票或债券在资本市场融资的条件，因此它们更多地依赖银行贷款。但是因信息不对称而产生的逆向选择和道德风险，以及农业企业难以提供银行要求的抵押担保导致银行对农业企业"惜贷"和"信贷配给"。农业信贷市场由于具有这些特殊的约束，金融交易成本极高，要求必须有不同于传统的特殊的安排，这些安排必须能够解决出信息不对称和担保抵押缺失带来的高交易成本和贷款规模不经济这两大问题，使金融机构和农户、农业企业形成利益共生关系。

作为处于某一特定地理区域和环境内的社会网络组织，产业链形成了基于经济互动关系和地域根植性的内嵌于产业链关系网络中的社会资本，可起到"社会抵押"的作用，在很大程度上解决了农户和农业企业融资过程中信息不完全和抵押担保缺失问题，提高了金融机构获取信息、甄选、监督和契约执行的有效性，改善了农业融资市场失灵和信息问题，从而实现金融机构和农户、农业企业的金融共生。

社会资本这一概念最早由法国社会学家 P. Bourdieu 在 1980 年提出，又称为社会资产，是新经济社会学的核心概念之一，指内嵌在社会结构中的关系、信任、声誉、规范等资源。Bourdieu（1986）认为"社会资本是实际或潜在的资源集合，那些资源和对某种持续性社会网络关系的占有密切相关"。Guiso 等（2004）认为社会资本是"在特定的社区内成员累积的优势和机会"或"社会关系形成的个人资源"。Van Bastelaer（2000）认为社会资本是存在于人们之间的关系、信任和责任、人们共享的社会观念、价值、标准以及约束人们行为的内化的规则。社会资本的存在，激励人们积极地争取社会认同，其具体表现是追求或保护作为社会群体成员的身份，目的是保持这一身份带来的价值。

在人们彼此之间关系密切的社区中，存在着一些基本的、共同的、每一个成员都有义务遵守的社会规范，一旦有人破坏大家都认同的社会规范，而且这一行为又被周围的人所察觉，那么破坏规范者就可能面临着社会制裁。社会制裁又被称为大众制裁或舆论制裁，包括非物质性制裁和物质性制裁，前者包括人们对破坏规范者的蔑视、谴责、批评等，以及破坏规范者声誉的丧失、其他社区成员对破坏规范者的排斥、破坏规范者在未来生活中各种机会的丧失等；后者包括破坏规范者丧失得到产品和服务或者其他成员物质帮助的机会。在一个个体成员关系密切的社会网络中，破坏规范者的行为会在社区内被广泛传播，从而被整个社区所知道，破坏规范的社会成本可能远远大于遵守规范的经济成本，而"社会关系的价值越高，违约的成本越高"（Karlan，2007）。由于人们都是理性的经济人，在社会制裁的约束下，合作（Cooperation）成为人们最优的选择，而破坏规范则失去吸引力。人们在比较自己在合作和破坏规范的期望收益与成本之后，会做出进行合作的决策，从而可以实现群体利益和个人利益的均衡。

担保抵押是"借款人向借贷款方承诺的一项资产，这个承诺一直保持到贷款偿还，当借款人违约的时候，借贷款方有权没收担保抵押品并卖掉来偿还贷款"（International Labour Office，2001）。传统的担保抵押包括固定资产抵押品、个人担保、动产抵押品以及与贷款联系起来的储蓄。担保抵押对借贷款方的重要性在于它"保护银行对抗风险""筛选潜在的借款人"和使借款人"尊重还贷义务"，但是担保抵押的过程——对担保抵押财产进行评估、核实、登记和处置——成本极高且耗费大量时间，限制了担保抵押贷款的规模（International Labour Office，2001）；此外，在一些发展中国家，有限财富、有限产权和不完善的、运行低效的法律和司法体系降低了担保抵押贷款的可能性（Balkenhol 和 Schütte，2001）。根据我国现行法律，农业中重要的财产组成部分如土地承包经营权、鱼塘承包经营权等不能进行抵押，蔬菜大棚、农用机械等价值较低，支撑的融资额严重不足。缺乏抵（质）押物问题成为农业融资的一大障碍。

近年来从产业链这个层面研究农业企业融资受到国外学者的关注。产业链内部基于社会关系网络的社会资本效应是影响融资集群内企业融资的重要变量。依靠借款人所拥有的信息以及当地的社会网络，供应链融资创造了社会担保抵押机制。社会担保抵押的内容包括连带责任以及由它们激发的同伴选择、同伴监督和社会制裁：连带责任将产业链成员捆绑在一起，成员承担联合债务，集体违约将会失去再次借款的机会。因此，借款人会利用密切的社会网络来甄别、筛选潜在的同伴（Ghatak，1999、2000）；会对同伴的行为进行监督，如果同伴偷懒、将资金转作他用、从事高风险项目、故意逃债等行为被他们察觉，他们就会对同伴施加压力等，从而有效地防范逆向选择和道德风险问题（Stiglitz，1990；Armendáriz de Aghion，1999），这样金融机构就把部分甄别、监督和强制还款的责任或成本有效地外部化给借款人来承担，从而降低了成本。林毅夫和孙希芳（2005）认为，基于人缘、地缘而拥有的对借款人的信息获取优势以及内嵌在社会关系网络中的声誉机制和社会惩罚机制，是非正规金融得以顺利开展的原因。陈军和曹远征（2008）指出社会资本以社会网络与信息共享模式有效增加了信息对称度，促进了农贷市场发展。陈晓红和吴晓瑾（2008）则以社会网络、交易网络、生产网络和区域文化为度量因素，实证检验了农业企业信用水平及其融资便利度与社会资本成正比。

6.2 农业供应链融资、信号传递与逆向选择

6.2.1 理论分析

信号传递模型（Signaling Model）是斯宾塞（Spence，1973）在考察劳动力市场的逆向选择问题时提出的。在信息不对称条件下，雇主通过观察求职人的受教育程度来甄别求职人的素质，并给予较高的待遇。由于高素质的人接受教育的成本低于低素质的人接受教育的成本，他以教育水平为"信号"，通过发出信号让雇主知道其类型，把自己与低素质的求职人区分开来，实现自身利益最大化。

农业信贷市场信号传递对于信号的选择至关重要。一是正确的信号可以有效地传递企业风险；二是传递不同信号须有不同的成本，且农户、企业掩盖自身信息、提供虚假信号的成本须非常高，否则信号传递会失去作用。我们认为内嵌在产业链关系网络中的社会资本是一个理想的信号。

农业产业链具有以下特征：一是具有相关业务的农户、农业企业在空间上的聚集，增加了信息和活动的集中。二是链内农户、企业呈现出高度密集的分工、协作、交易等内部互动。三是链内农户、企业间密切的互动联系形成了内部网络性组织关系，使信息的流动更加顺畅，缓和经济利益冲突，形成信息交流和互动强化的机会。四是地域根植性。链内农户、企

业的经济行为内嵌在互动联系和网络关系中，是建立在区域内共同的文化、信任、互惠、规范、惯例和价值观念上的。产业链特征为链内社会资本的孕育和强化提供了前提条件。具体来说，链内的社会资本包括以下几种。

一是农户、企业积累的声誉、人际关系以及血缘、地缘、业缘等社会关系网络带来的获得机会与资源的能力。

二是链内存在的，有利于推动各主体的信任与合作、沟通和协调，增强内部凝聚力的关系网络。

三是在一定的区域内，基于产业结构联系的上下游和水平农户、企业、企业与客户之间的交易等关系。

四是农户、企业与企业和产业之外的公私组织，如行业协会、合作经济组织、金融机构和政府等之间的关系。

五是由相同社会规范和社会价值观而形成的各主体的认同、互惠与信任。

产业链的各主体或为同行，或为产业链的上下游企业，或为相关机构，内部互动关系密切，在这样一个社会关系网络中，社会资本越高，在未来赢得更好的社会关系的机会就越大，更有利于后期的经济利益；反之，随着声誉、信用不佳等信息的扩散，未来的合作机会就会减少或丧失，这就构成了对主体行为的约束。

农户或农业企业具有规模小、抵押资产少、经营风险大、财务会计不健全等特征，由于银企之间信息不对称，金融机构难以对其经营状况、盈利前景、履约情况做出判断，使其在融资过程中普遍遭遇到信贷配给等问题。但是，农户或农业企业可以借助产业链产生的社会资本，向金融机构传递能显示其信用状况的信号，包括长期积累的信用、声誉，企业经营管理状况，与水平和上下游产业多方连接的交易、投资、商业信用等关系，企业加入行业协会或信用评级机构的情况，以及行业协会或信用评级机构对其信誉、能力、是否遵守规范的评价报告等各种"软信息"，来替代财务数据、抵押担保等"硬信息"，将自己与其他信用较差的农业企业区分开来，有助于金融机构发现"好"的客户；而链内各主体联系密切，信息传递通畅，有利于金融机构有效获取农户、农业企业的"软信息"，从而使社会资本成为一种提升农户、农业企业信用的机制和一种风险"甄别"机制，增加了金融机构对于农户、企业的了解程度，降低了农户、企业融资过程中的信息不对称程度，从而增强农户、企业外部融资能力，缓解农户、企业面临的融资约束。

6.2.2 基本模型

我们设计模型变量与假设如下。

变量1：农业企业质量 θ：企业质量主要体现在企业经营能力、投资项目收益、按时守约还贷等方面，是金融机构进行资金供给的重要标准。质量越高的企业，其成功获取资金的可能性越高。用 $\theta = S, R$ 分别代表安全型企业与风险型企业。在信贷需求企业群中，安全型企业的比例为 α，风险型企业的比例为 $1 - \alpha$，$\alpha \in [0,1]$。用 p_θ 表示 θ 类型借款企业项目的成功率，满足 $p_S > p_R$。

变量2：项目收益 Y：农业企业的项目收益是其守约还贷的根本保障。在项目成功时，类型为 θ 的企业将以概率 p_θ 获得项目收益 Y_θ；在项目失败时以概率 $1 - p_\theta$ 获得项目零收益。

变量3：融资成本：信贷双方在融资过程中会涉及多项成本，这直接关系到双方的预计收益。从金融机构的角度看，用 ρ 表示每发放一单位的信贷资金所需的成本，这包括金融机构吸收存款成本以及放贷过程成本；从企业的角度看，令 r_θ 表示企业需偿还的信贷资金本息和。当企业借款金额为1时，有 $\rho > 1$，$r_\theta > 1$ 成立。

假设1：农业企业项目需要投入1单位信贷资金，项目在一期内结束。

假设2：当项目成功时，借款企业收益 $Y_\theta > r_\theta$，还款概率为 p_θ，偿付为 r_θ；当项目失败时，借款企业收益为零，偿付为零，即企业没有抵押。

假设3：金融机构知晓借款企业质量概率分布，但无法在项目结束前甄别单个企业质量类型。

假设4：金融机构为农业企业提供资金，设金融机构追求零利润（Ghatak，1999）。

根据以上变量与假设，在信息对称市场中，由借款企业利润约束条件可得

$$p_\theta \times r_\theta = \rho, \theta = S, R \qquad (6-1)$$

即
$$r_\theta{}^* = \frac{\rho}{p_\theta}, \theta = S, R \qquad (6-2)$$

此时，$r_\theta{}^*$ 为两个分离市场的均衡利率，即金融机构可以通过制定不同利率实现对不同质量企业的信贷资金风险的补偿，显然有 $r_S < r_R$。

但由于农业企业融资市场难以做到信息完全对称，农业企业作为信息

优势方，必然会有 R 伪装成 S 以获取低利率的现象发生。为了弥补这一风险损失，金融机构将根据借款企业质量分布向所有借款企业提供一个平均利率，这使原本的分离市场转变为唯一的信贷市场。在该市场中，金融机构均衡利率为

$$\overline{r^*} = \frac{\rho}{\overline{p}} \tag{6-3}$$

且

$$\overline{p} = \alpha p_S + (1 - \alpha) p_R \tag{6-4}$$

因为 $p_R < [\alpha p_S + (1 - \alpha) p_R] < p_S$，所以有 $r_S^* < \overline{r^*} < r_R^*$ 成立。

这说明当由于信贷双方的信息不对称，金融机构提供资金的利率由分离均衡利率变动至统一均衡利率 $\overline{r^*}$ 时，该利率对于安全型企业是上升的，对于风险型企业是下降的。这意味着安全型企业对风险型企业进行了风险补贴。

由式（6-3）我们知道 $\frac{\overline{p}\partial}{r\partial} < 0$。这表明当金融机构贷款利率升高时，企业投资项目平均还贷率下降。此时安全型企业的期望收益 $E_S = p_S \times [Y_S - r]$ 逐步降低，这意味着金融机构贷款利率的升高会引发某些项目成功率高的企业逐步退出信贷市场，剩余项目的平均风险会随着安全项目的退出而逐步增大，成功率越发降低。因此，信贷市场上"坏项目驱赶走了好项目"，逆向选择现象随之而生。

我们再从金融机构的角度考虑，此时金融机构的期望收益为

$$E_B = \overline{p} \times r \tag{6-5}$$

可知，

$$\frac{\partial E_B}{\partial r} = \frac{\overline{p}\partial}{r\partial} + \overline{p}(r) \tag{6-6}$$

我们知道 $\frac{\overline{p}\partial}{r\partial} < 0$，$\overline{p}(r) > 0$，这说明利率变动对于金融机构收益的两个影响：一是风险效应，表现为利率每上升一个单位，金融机构要承受因风险增大而带来的 $\frac{\partial \overline{p}}{\partial r}$ 的收益下降；二是收入效应，表现为利率每上升一个单位，金融机构收益将增加 $\overline{p}(r)$ 个单位。基于此，金融机构在考虑到风险效应与收入效应的双重影响下，更愿意不贷或少贷，而非通过提高利率来实现预期收益最大化，即选择一个狭窄的利率空间来放贷，信贷配给现象出现：一是只有一部分信贷申请人得到贷款，且被拒绝的申请人即使支付再高的利息也不能得到贷款；二是一个给定的申请人的借款需求只能部分得

到满足，农业企业融资受阻。

6.2.3 社会资本、信号传递与分离均衡

我们以农业产业链为背景，以农业企业社会资本为信号，建立企业与金融机构之间的信息传递模型。

先在前文的 4 个假设基础上，增加以下假设。

假设 5：企业以社会资本 W 为信号，向企业表明自身项目成功率及还款能力，在这里社会资本可以是表明企业经营能力、信用能力的声誉证明。社会资本越高代表该企业风险越低。W_θ 表示借款人提供的社会资本，有 $W_S > W_R$ 成立。

假设 6：企业获得并提供社会资本时需要付出成本 $C_\theta(W_\theta)$，W_θ 表示借款企业提供的社会资本，根据前述分析，我们有 $W_S > W_R$。企业积累并提供社会资本需要付出成本 $C_\theta(W_\theta)$，不失一般意义，我们有 $\frac{\partial C}{\partial W} > 0$，即企业积累并提供的社会资本越大，相应的成本越高。

假设 7：金融机构根据企业提供的不同社会资本，采取贷款发放与不发放两种策略。我们设定社会资本存在一个临界值 W^*，当 $W_\theta > W^*$ 时，金融机构就认为企业是安全型企业，发放贷款，反之则不发放贷款。

企业融资信号传递博弈过程包括以下内容。

过程 1："自然"选择农业企业类型，分为 $\theta = S$ 和 $\theta = R$。

过程 2：农业企业在获知自己的类型后，向金融机构发出社会资本信号 W_θ。

过程 3：金融机构在观察到信号 W_θ 后，利用贝叶斯法则对其先验概率 $p(\theta)$ 进行修正，得到后验概率 $p(\theta|W_\theta)$，并由此判断农业企业质量类型。

过程 4：农业企业在获得金融机构对其发出信号的反应后，选取最合适的信号 W_θ^* 使自身收益最高，即利用 $\max E(W_\theta, r)$ 求得 W_θ^*。

农业企业和金融机构博弈结束时的收益矩阵如表 6-1 所示。

表 6-1　　　　　农业企业和金融机构博弈结束时的收益矩阵

			成功	失败	
安全型企业	发送信号	发送 W_S	$p_S(Y_S - r_S) - C_S(W_S)$	$-C_S(W_S)$	金融机构发放贷款
		发送 W_R	$p_S(Y_S - r_R) - C_R(W_R)$	$-C_R(W_R)$	
	不发送信号		0		金融机构不发放贷款

续表

			成功	失败	
风险型企业	发送信号	发送 W_R	$p_R(Y_R - r_R) - C_R(W_R)$	$-C_R(W_R)$	金融机构发放贷款
		发送 W_S	$p_R(Y_R - r_S) - C_S(W_S)$	$-C_S(W_S)$	
	不发送信号		0		金融机构不发放贷款

分离均衡是指企业向金融机构传递的信号能够充分反映自身风险类型，金融机构实现有效判断并达到其所期望的均衡状态。在该状态下，逆向选择问题消失。分离均衡是信贷市场资源得到有效配置的关键所在。我们讨论在信号博弈中分离均衡如何达成。

首先假设分离均衡存在，并分析分离均衡存在的条件。

在分离均衡状态下，风险企业选择向金融机构传递信号 W_R，并不采取欺诈手段；安全型企业选择发出信号 W_S。根据上文的假设，若达到分离均衡，则金融机构的后验概率满足以下等式：

$$\begin{cases} p(S|W_S) = 1, p(S|W_R) = 0 & (6-7) \\ p(R|W_S) = 0, p(R|W_R) = 1 & (6-8) \end{cases}$$

此时，应有以下条件满足：

$$\begin{cases} E(W_S, S) > E(W_R, S) & (6-9) \\ E(W_R, R) > E(W_S, R) & (6-10) \end{cases}$$

即以下条件满足：

$$\begin{cases} p_S(Y_S - r_S) - C_S(W_S) > p_S(Y_S - r_R) - C_R(W_R) & (6-11) \\ p_R(Y_R - r_R) - C_R(W_R) > p_R(Y_R - r_S) - C_S(W_S) & (6-12) \end{cases}$$

根据假设7，我们可知 $C_R(W_R) = 0$，则结合式（6-11）、式（6-12），有

$$p_R(r_R - r_S) < C_S(W_S) < p_S(r_R - r_S) \qquad (6-13)$$

根据贝叶斯法则，金融机构的后验概率为

$$\begin{cases} p(S|W_S) = \dfrac{p(W_S/S) \times p(S)}{p(W_S/S) \times p(S) + p(W_R/S) \times p(R)} = \dfrac{1 \times \alpha}{1 \times \alpha + 0 \times (1-\alpha)} = 1 \\ p(S|W_R) = 1 - p(S|W_S) = 0 \end{cases}$$

$$(6-14)$$

$$\begin{cases} p(R \mid W_R) = \dfrac{p(W_R/R) \times p(R)}{p(W_R/S) \times p(R) + p(W_S/S) \times p(S) +} = \dfrac{1 \times (1-\alpha)}{1 \times (1-\alpha) + 0 \times \alpha} = 1 \\ p(R \mid W_S) = 1 - p(R \mid W_R) = 0 \end{cases}$$

$$(6-15)$$

即金融机构的后验概率条件得到满足。

当企业传递高社会资本信号所付出的成本满足 $p_R(r_R - r_S) < C_S(W_S) < p_S(r_R - r_S)$ 时，企业在信贷市场信号博弈中实现了分离均衡。由此可得，企业信贷市场的分离均衡取决于企业给出高社会资本信号时所付出的成本 $C_S(W_S)$。

根据信号传递模型可知，社会资本影响企业欺诈成本，双方博弈至分离均衡状态的条件是 $p_R(r_R - r_S) < C_S(W_S) < p_S(r_R - r_S)$，风险型企业选择传递真实信号。因此，社会资本范围的界定是金融机构发放贷款的关键因素，它可以分离企业类型，避免逆向选择的发生。

当 $C_S(W_S) < p_R(r_R - r_S)$ 或 $C_S(W_S) > p_S(r_R - r_S)$ 时，存在混同均衡，即农业企业提供相同的社会资本信号，金融机构无法修正先验概率。此时，金融机构根据平均还贷率要求均衡利率，农业企业选择不提供信号，与前述逆向选择和信贷配给情况一样。分离均衡可以有效解决信贷市场的逆向选择问题，避免了优良企业的流失。

6.3 农业供应链融资与事前道德风险

Stiglitz（1990）在分析借款人潜在的事前道德风险问题时指出，当借款人不提供担保抵押且只在项目成功的时候才偿还贷款，即借款人承担有限责任时，有限责任引致了借款人的高风险投资决策，其结果是项目成功概率降低，贷款拖欠率提高。但是供应链贷款中核心企业的连带责任和链条上其他企业之间的横向监督可以解决这一事前道德风险问题。在供应链贷款中，或是农业企业通过预付账款、动产质押、应收账款等模式，提供贷款抵押，或是核心企业担保还款，它必须为项目失败的被担保者偿还贷款，连带责任机制提供了其监督被担保企业项目选择或工作努力程度的激励，横向监督保证了被担保企业采取安全的投资决策或努力工作，从而避免核心企业陷入为其还款的困境。较之金融机构的外部监督，企业成员之间信息透明，横向监督成本低于金融机构对借款人的监督成本，因此，在理论上，担保责任强化了横向监督，使借款人最终选择低风险的项目。而且实施监督的核心企业，包括产业链上的其他企业、中介机构、农户等，会对违约的成员施加社会制裁，从而有助于降低事前道德风险。从而形成一个合作博弈，结果就是提高了还贷率、降低了利率、提高了借款企业的福利水平。

6.3.1　一般贷款模型

考虑一个农业企业或农户与金融机构间的贷款合同。假设借款人和金融机构都是风险中性的，借款人追求预期收益最大化，而金融机构由于市场竞争得到平均利润，不失一般性，我们设平均利润为零（Ghatak 和 Gunniane，1999；Armendáriz de Aghion 和 Gollier，2000），从而排除垄断问题（Armendáriz de Aghion 和 Morduch，2005）。每一个借款人都被赋予 1 单位劳动，以及一个需要 1 单位资本投入和 1 单位劳动投入的风险生产项目。借款人把自己的劳动投入到项目中去，劳动力机会成本为 $\hat{u}$。借款人没有初始财富，在项目开始时，必须从金融机构那里借入 1 单位资本才能开展项目，且他们不能提供担保抵押。ρ 代表金融机构每单位资金的机会成本，包括从存款者或者其他资金供给者那里融资的全部成本加上发放贷款的交易成本。r 是金融机构向借款人要求的毛利率（本金加上净利息）。我们有 $\rho > 1$ 且 $r > 1$。

假设借款人的风险偏好一样。在利率 r 下，借款人选择工作努力水平 $p \in (0,1]$ 来最大化其预期收益，这一私人决策决定了项目的成功概率。在项目期末，借款人的项目收益是概率 p 下的 $Y > 1$（项目成功）或者是概率 $(1-p)$ 下的零收益（项目失败）。付出努力会引致成本 $C = \alpha p^2/2$，α 是固定的成本因子。

假设在给定资本和劳动力机会成本的条件下，当借款人努力工作的时候，所有的项目用预期收益来衡量都具有社会生产性（Ghatak，Guinnue 和 Morduch，2005），即

$$pY - \frac{\alpha p^2}{2} > \rho + \hat{u} \qquad (6-16)$$

因此为所有项目提供资金对整个社会来说是最优的，否则将导致社会损失。注意到当 $p = \dfrac{Y}{\alpha}$ 时，社会剩余 $pY - \dfrac{\alpha p^2}{2}$ 最大，因此我们假设 $Y < \alpha$。

由于借款人不能提供任何实物资产或金融资产作为抵押品，当项目成功时，借款人向贷款方偿还 r；但是当项目失败的时候，借款人的偿付为

零。因此 p 也代表借款人的还款概率。我们假设 $Y > r$ ，即当项目成功的时候，借款人总能够偿还他的债务。

在一般贷款合同条件下借款人的预期收益是

$$E = p(Y - r) - \frac{\alpha p^2}{2} \qquad (6-17)$$

由金融机构的零利润约束条件 $pr = \rho$ 我们知道，当借款人努力工作的时候，他的参与约束条件

$$p(Y - r) - \frac{\alpha p^2}{2} \geq \hat{u} \qquad (6-18)$$

成立。

假设经济环境是事前信息不对称的：金融机构无法观察到借款人的工作努力水平，而且在借款人还贷之前，金融机构无法观察到借款人的项目成功或失败情况，而金融机构直接监督借款人行为的成本非常高。在这样的经济环境里，借款人可能努力工作以得到收益 Y 并最大化他的预期收益；或者相反，降低工作努力水平来获得收益 Y 并将节省的努力成本转移到其他私人活动中去，从而最大化他的预期收益。即存在借款人选择工作努力水平的事前道德风险。借款人出于私人利益进行选择，但其选择对金融机构来说不一定是最优的。因为其项目的成功概率决定于其工作努力水平 p ，金融机构承受违约风险的概率是 $1 - p$ ，如果借款人偷懒，金融机构就面临着还贷率降低、拖欠率升高的风险。

设借款人努力工作时的工作努力水平为 p_1 ，其负效用成本为 $C_1 = \alpha p_1^2 / 2$ ；偷懒时的工作努力水平为 p_2 ，其负效用成本为 $C_2 = \alpha p_2^2 / 2$ ， $p_1 > p_2$ 且 $C_1 > C_2$ 。偷懒让借款人节省了成本 $C_1 - C_2$ ，他可以将该部分努力转移到其他活动中，但项目成功的概率以及还贷率就从 p_1 降低到 p_2 。

借款人努力工作的激励相容约束条件是

$$p_1(Y - r) - \frac{1}{2}\alpha p_1^2 \geq p_2(Y - r) - \frac{1}{2}\alpha p_2^2 \qquad (6-19)$$

即
$$r \leq Y - \alpha(p_1 + p_2)/2 \qquad (6-20)$$

因此，如果金融机构想降低借款人偷懒的风险，就必须设定利率上限，因为只有当 $r \leq Y - \alpha(p_1 + p_2)/2$ 时，借款人才无意偷懒。但均衡利率 r^* 要满足金融机构的零利润约束条件 $pr = \rho$ 。在完美状态下，均衡利率 r^* 同时满足借款人努力工作的激励相容约束条件和金融机构的零利润约束条件。但是问题在于金融机构很难找到一个既"对所有的借款人都具有吸引力"

又"允许金融机构覆盖成本"的利率（Armendáriz de Aghion 和 Morduch，2005），因此事前道德风险问题就不可避免。当利率 r^* 满足了金融机构零利润约束条件，但 $r^* > Y - \alpha(p_1 + p_2)/2$ 时，借款人就会偷懒，金融机构承受的拖欠风险就会增大。

在利率 r 既定的情况下，借款人选择工作努力水平 p 来最大化其预期收益：

$$E = p(Y - r) - \frac{\alpha p^2}{2}$$

根据 E 最大化的一阶条件，借款人的均衡工作努力水平是

$$p = \frac{Y - r}{\alpha} \tag{6-21}$$

可以看出，借款人均衡努力水平随利率 r 的提高而降低。这是因为金融机构要求的利率越高，借款人工作努力的剩余收益就越小，借款人的工作努力水平越低。

由 $p = (Y - r)/\alpha$，我们可以导出利率水平 $r = Y - \alpha p$（注意金融机构事前确定的利率 r 是自变量，借款人工作努力水平 p 是因变量）。将 $r = Y - \alpha p$ 代入金融机构的零利润约束条件 $pr = \rho$ 中，我们可以得到一个 p 的二阶方程 $\alpha p^2 - pY + \rho = 0$，求解 p 得到两个均衡值：

$$p_1{}^* = \frac{Y + \sqrt{Y^2 - 4\alpha\rho}}{2\alpha} \tag{6-22-1}$$

$$p_2{}^* = \frac{Y - \sqrt{Y^2 - 4\alpha\rho}}{2\alpha} \tag{6-22-2}$$

借款人无论选择哪一个值都满足金融机构的零利润约束条件。

由 $E = p(Y - r) - \alpha p^2/2 = pY - \rho - \alpha p^2/2$，我们知道

$$E_1 - E_2 = (p_1{}^* - p_2{}^*)\left[Y - \frac{\alpha}{2}(p_1{}^* + p_2{}^*)\right]$$

因为 $p_2{}^* < p_1{}^* < p^* = Y/\alpha$，所以

$$E_1 - E_2 > (p_1{}^* - p_2{}^*)\left[Y - \frac{\alpha}{2}(p^* + p^*)\right] = 0 \tag{6-23}$$

在较高的工作努力水平下，金融机构会要求较低的利率，而借款人预期收益更大，因此，借款人将选择 $p_1{}^*$ 作为其均衡工作努力水平。即

$$\bar{p}^* = \frac{Y + \sqrt{Y^2 - 4\alpha\rho}}{2\alpha} \tag{6-24}$$

6.3.2 农业供应链融资模型

我们首先考虑在供应链融资中，在不能提供传统的担保抵押的情况下，借款人可以通过预付账款、动产质押、应收账款等模式，提供贷款抵押 w 的情况。

如果借款人项目失败，那么金融机构将没收抵押 w。现在借款人的努力激励相容约束条件是

$$p_1(Y - r) - \frac{1}{2}\alpha p_1{}^2 - (1 - p_1)w \geq p_2(Y - r) - \frac{1}{2}\alpha p_2{}^2 - (1 - p_2)w$$

$$(6-25)$$

即 $$r \leq Y - \alpha(p_1 + p_2)/2 + w \qquad (6-26)$$

我们看到，在借款人可以提供抵押 w 时，金融机构可以向借款人要求比无抵押更高的利率。如果 $w > \rho$，金融机构可以要求足够高的利率，而无须担心借款人偷懒。失去贷款抵押的威胁增加了偷懒的成本，降低了借款人事前道德风险。此时在借款人的工作努力水平是

$$\tilde{p}^* = \frac{Y + \sqrt{Y^2 - 4\alpha\rho + w}}{2\alpha} \qquad (6-27)$$

显然，$\tilde{p}^* > \bar{p}^*$。

我们进一步考虑借款人不提供金融机构要求的抵押而由核心企业提供担保的情况。

为简化分析，我们将产业链的规模限定在两个成员：一个是核心企业（担保方），另一个是一般企业或农户（被担保方）。核心企业和一般企业（农户）在一条产业链上，关系密切，之间具有彼此的完全信息，可以"完全地和无成本地观察到彼此的行为；同时，可以完美地和无成本地强制执行它们之间的任何契约"（Stiglitz，1990；Ghatak 和 Guinnane，1999）。核心企业（担保方）和一般企业或农户（被担保方）同时贷款，(R,A) 表示供应链贷款合同，R 是毛利率，$A \in (0,R]$ 是连带责任偿付，即核心企业必须为项目失败的被担保企业偿还的债务，A 的水平由金融机构决定。为简化分析，我们假设担保方承担充分连带责任，即 $A = R$。不失一般性，我们设被担保方整体负债（个人负债 R 加上连带负债 A）小于核心企业项目成功时的收益，$Y > R + A$，即在项目成功的时候，核心企业总有能力为项目失败的被担保企业偿还。

假设产业链上的两个成员分别为 i 和 j，i 为担保方，j 为被担保方。给定供应链贷款合同 (R, A)，i 和 j 选择各自的工作努力水平。i 选择的工作努力水平是 p_i，j 选择的工作努力水平是 p_j。i 的预期收益是

$$E_i = p_i p_j (Y - R) + p_i (1 - p_j)(Y - R - A) - \frac{\alpha}{2} p_i{}^2$$

$$= p_i [Y - R - (1 - p_j)A] - \frac{\alpha}{2} p_i{}^2 \qquad (6-28)$$

其中，$p_i p_j (Y - R)$ 代表 i 和 j 项目同时成功时 i 的预期收益；$p_i(1 - p_j)(Y - R - A)$ 代表 i 项目成功而 j 项目失败时 i 的预期收益；$-\alpha p_i{}^2 / 2$ 是 i 工作努力的成本。

根据 E_i 最大化的一阶条件，当 i 选择

$$p_i = \frac{Y - R - (1 - p_j)A}{\alpha} = \frac{Y - R - A}{\alpha} + \frac{A}{\alpha} p_j \qquad (6-29)$$

时，i 的预期收益最大化。

$p_i = \dfrac{Y - R - A}{\alpha} + \dfrac{A}{\alpha} p_j$ 是 i 对 j 行为的反应函数，从中我们可以得到 $\partial p_i / \partial p_j = A/\alpha > 0$，即二者的工作努力水平是互补的，$j$ 工作越努力，i 工作就越努力；反之则相反。

$p_i = \dfrac{Y - R - A}{\alpha} + \dfrac{A}{\alpha} p_j$ 是一个对称的纳什均衡：当 i 选择工作努力水平 p_i 的时候，j 会选择使其预期收益最大化的工作努力水平 $p_j = \dfrac{Y - R - A}{\alpha} + \dfrac{A}{\alpha} p_i$。

$$p_i - p_j = -(p_i - p_j)\frac{A}{\alpha}$$

因为 $A/\alpha \neq 0$ 且 $A/\alpha \neq 1$，所以

$$p_i = p_j = \frac{Y - R - A}{\alpha - A} \qquad (6-30)$$

当两个借款人在开始时的工作努力水平上不合作（不一致）时，二者会针对对方的选择做出反应，于是发生一系列反应和逆反应的博弈，最终的结果是到达稳定均衡，即 $p_i = p_j$。

由 $p^* = \dfrac{Y - R - A}{\alpha - A}$，我们有 $R = Y - A - p^*(\alpha - A)$，将其代入供应链贷款中金融机构的零利润约束条件 $p^* R + p^*(1 - p^*)A = \rho$，我们有

$$\alpha p^2 - Yp + \rho = 0$$

我们可以求解出不合作博弈供应链贷款中，担保方和被担保方的均衡工作努力水平是

$$\bar{p}^* = \frac{Y + \sqrt{Y^2 - 4\alpha\rho}}{2\alpha} \tag{6-31}$$

即供应链贷款个体均衡工作努力水平与个人贷款均衡工作努力水平是相等的。即在不合作博弈情况下，被担保方并没有考虑到自身的选择对担保方选择的影响。但是，由于社会资本下"社会制裁"的作用，产业链成员会合作决策工作努力水平，即 i 和 j 选择同样的工作努力水平，$p_i = p_j = p$。i（或 j）的预期收益是

$$E_i = E_j = E = p[Y - R - (1 - p)A] - \alpha p^2 / 2 \tag{6-32}$$

根据 E 最大化的一阶条件，借款人选择的工作努力水平是

$$p = \frac{Y - R - A}{\alpha - 2A} \tag{6-33}$$

我们可以得到供应链贷款中担保方和被担保方均衡工作努力水平是

$$\hat{p}^* = \frac{Y + \sqrt{Y^2 - 4\alpha\rho}}{2(\alpha - A)} \tag{6-34}$$

很明显，$\hat{p}^* > \bar{p}^*$。

我们可以得出结论：供应链贷款具有降低事前道德风险的信息优势。

在个人贷款中，借款人在项目成功的时候，向金融机构偿还固定的债务 r；因此，个人贷款的还贷率即为借款人工作努力水平，即

$$\overline{\Pi}^* = \bar{p}^* \tag{6-35}$$

在供应链贷款中，核心企业对一般企业（农户）还贷负有连带责任，只要核心企业成功，就能偿还集体债务（我们不考虑两个成员采取故意逃债的情况）。还贷率是 $\Pi = 1 - (1 - p_i)$。供应链贷款还贷率是

$$\hat{\Pi}^* = 1 - (1 - \hat{p}^*) = \hat{p}^* \tag{6-36}$$

显然，则 $\hat{\Pi}^* > \overline{\Pi}^*$。

注意 Π 是平均还贷率，即一个随机借款人的还贷率。而金融机构的零利润约束条件为 $\Pi r^* = \rho$（个人贷款）或 $\Pi R^* = \rho$（供应链贷款），因此供应链贷款中的均衡利率低于个人贷款的均衡利率，即

$$\hat{R}^* < \bar{r}^* \tag{6-37}$$

综上所述，较之个人贷款，供应链贷款在激励借款人工作努力水平、降低事前道德风险方面处于优势，同时提高了还贷率、降低了借款人负担

的利率。

6.4 农业供应链融资与事后道德风险

事后道德风险又被称为强制执行问题（Armendáriz de Aghion 和 Morduch，2005）或策略拖欠问题，是指借款人有能力还款的情况下逃债的情况。事后道德风险是信贷市场上第二个层面的道德风险。当金融机构不能甄别借款人的真实收益，或即使金融机构观察到借款人的真实收益却因为强制执行还款的能力而不能强迫借款人还款的时候，就会发生该道德风险。供应链贷款中连带责任的安排引致了借款人的横向监督，从而可以降低故意逃债的发生，即降低事后道德风险。

6.4.1 一般贷款模型

为了阐释事后道德风险，我们考虑金融机构和借款人之间的贷款合同。借款人不能提供抵押。假设在项目结束时，借款人项目的随机收益是概率 p 下的 $Y > 0$，或是概率 $1 - p$ 下的零，$p \in [0, 1]$。假设 p 是外生的，即不考虑借款人执行项目时工作努力水平的事前道德风险，唯一的道德风险问题发生在偿还贷款期。假设金融机构直接监督借款人的成本非常高，即金融机构的直接监督不可行。

当项目成功、项目收益实现的时候（$p = 1$），借款人会决定是否故意逃债（当 $p = 0$ 时，借款人自然会拖欠还款）。设借款人及时偿还债务，可以获得金融机构的后续贷款，他从后续融资中得到的预期收益是 V。

对一个及时偿还贷款的借款人来说，他的预期事后收益是

$$E_1 = Y - r + V \tag{6-38}$$

对一个故意逃债的借款人来说，他的预期事后收益是

$$E_2 = Y \tag{6-39}$$

这个时候，借款人保留收益，但是失去从再次融资中得到的收益。

借款人不故意逃债的激励相容约束条件是

$$Y - r + V \geqslant Y \tag{6-40}$$

即 $r \leqslant V$。

6.4.2 农业供应链融资模型

我们首先考虑在不能提供传统的担保抵押时，借款人可以通过预付账

款、动产质押、应收账款等模式，提供贷款抵押 w 的情况。

如果借款人项目失败，金融机构将没收抵押 w 。借款人的激励相容约束条件是

$$Y - r + V \geqslant Y - w \qquad (6-41)$$

即 $$r \leqslant V + w \qquad (6-42)$$

在借款人可以提供贷款抵押 w 时，金融机构可以向借款人要求比无抵押时更高的利率。如果 w 极大，金融机构可以要求足够高的利率而无须担心借款人故意逃债的行为。失去抵押物的威胁增加了借款人违约的成本，降低了借款人事后道德风险。

我们进一步考虑借款人不提供金融机构要求的贷款抵押，由核心企业提供担保并进行监督的情况。

为简化分析，我们将产业链的规模限定在两个成员：一个是核心企业（担保方），另一个是一般企业或农户（被担保方）。一般假设条件同前文事前道德风险情况的假设。但我们假设借款人的项目收益实现情况是私人信息，除非借款人被另外一方监督。与金融机构相比，借款人之间"有着互相监督的比较优势，因为他们在地理上邻近，且/或有着长期的生意往来关系"（Armendáriz de Aghion，1999）。

在第一期项目结束以后，如果产业链上的双方偿还集体债务 $2R$（两个企业都成功或核心企业成功），金融机构将会再次贷款，借款人得到后续贷款的预期收益为 V 。

在第一期贷款发放之后，核心企业决定进行监督，并选择监督强度为 m ，在 m 下，它可以观察到被担保企业的故意逃债行为。在第一期末，如果被担保企业项目成功，获得项目收益而故意逃债的行为被同伴察觉，它将受到对方施加的社会制裁 W 。

如果被担保企业决定偿还贷款，其预期事后收益是

$$E_1 = Y - R + V \qquad (6-43)$$

当被担保企业决定故意逃债时，它的预期事后收益是

$$E_2 = Y + pV - mW \qquad (6-44)$$

被担保企业故意逃债的预期收益等于项目成功时的收益 Y ，加上后续贷款的预期收益 V（概率是 p ，即核心企业项目成功并为被担保企业支付），减去核心企业施加的社会制裁 mW 。

被担保企业决定偿还贷款的激励相容约束条件是 $E_1 \geqslant E_2$ ，即

$$Y - R + V \geqslant Y + pV - mW \tag{6-45}$$

我们可得

$$R \leqslant (1 - p)V + mW \tag{6-46}$$

由式 (6-44)，我们得到

$$m \geqslant \frac{R - (1 - p)V}{W} \tag{6-47}$$

在均衡情况下，只有当核心企业的监督 $m \geqslant m^*(R)$ 时，被担保企业才不会故意逃债，即

$$m^*(R) = \frac{R - (1 - p)V}{W} \tag{6-48}$$

下面我们分析核心企业的监督决策。我们假设监督是有成本的，所以必须给予核心企业采取必需的监督强度的激励。设监督的单位成本为 c，监督的总成本是监督强度 m^* 的线性函数 m^*c。核心企业采取必需的监督强度保证被担保企业不故意逃债的激励相容约束条件是

$$p^2 R + V - m^* c \geqslant pV \tag{6-49}$$

通过采取必需的监督强度 m^*，项目成功的核心企业保证同样项目成功地被担保企业进行自我偿还，从而自己避免为故意逃债的被担保企业偿还连带责任偿付 R（发生的概率是 p^2）；继而得到后续贷款，但是为进行监督核心企业付出了 m^*c 的成本。如果核心企业不进行监督，项目成功时被担保企业会故意逃债。在这样的情况下，核心企业得到后续贷款的概率是 p，即本身项目成功（概率是 p）。

从 $p^2 R + V - m^* c \geqslant pV$ 中我们可以得到

$$m^* \leqslant \frac{p^2 R + (1 - p)V}{c} \tag{6-50}$$

把 $m^*(R) = \dfrac{R - (1 - p)V}{W}$ 代入 $p^2 R + V - m^* c \geqslant pV$，我们得到

$$p^2 R + (1 - p)V - \frac{c[R - (1 - p)V]}{W} \geqslant 0 \tag{6-51}$$

$$\frac{c}{W} \leqslant \frac{p^2 R + (1 - p)V}{R - (1 - p)V}$$

因此，当监督成本相对于社会制裁足够小的时候，供应链融资就可以激发核心企业的监督，避免被担保方故意逃债的事后道德风险，使供应链贷款优于个人贷款。

7　北京市绿色农业供应链融资模式设计

7.1　北京市农业产业链模式

随着北京农业产业的发展，以生鲜果品、蔬菜、养殖等产业为代表，围绕土地准备及农资采购等产前环节，植保、生产管理等产中环节，以及仓储、加工、销售、物流等产后环节，形成包括分段链接模式、农户主导模式、核心企业（组织）带动模式和信息网络平台协同模式等产业链整合运作模式，在此我们主要介绍包括产中和产后两个环节的农业产业链。

7.1.1　分段链接模式

所谓的分段链接模式是指农户→产地批发→销地批发→农贸市场→消费者，其中的每一小段都是一个独立的链条。分段链接模式是传统农业产品生产、流通产业链模式，并没有现代产业链的概念。

7.1.2　农户主导模式

农户主导模式是指在农业产业链运作过程中不通过第三方，供求双方直接联系与对接的短链模式，如生态果品、蔬菜生产基地或采摘园（生产投资商、农户）供给高质量的特色、安全产品，吸引消费者结合观光休闲等绿色农业发展形态，到产地选购满意产品。这种形式适应京郊果品、蔬菜生产供给特点，特别是适应了都市消费者个性化需求不断上升和休闲农业发展的趋势，可以使消费者享受产品更多延伸的功能。在农户主导模式中，农户有机会直接面向消费者和市场，可以实现产品供求中信息流、物流和资金流的最短路径链接。但是这一模式需要经营者有明确的产品差异化定位和需求管理能力，还需要区县或乡镇政府统筹规划整体规模布局、生产品种，以避免产品同质化、恶性竞争及无序发展，引导生产者做好新品种与新技术选择、实施绿色安全管理、宣传推介等；同时还需要政府协助做好周边交通、卫生、餐饮、住宿等配套服务。对于产量较大的产品，采摘模式只能部分实现供求直接对接，在产出旺季则需要其他运作模式完成其供求对接过程。

农户主导模式存在的另一个问题是交易成本较高。对农户而言，要面对需求多元化的消费者，在采摘过程中要实施监督，产品会产生损耗，如果有中介人介绍消费者来消费时还要付出价格抽成，这些成本决定了采摘产品价格较高。对消费者而言，追求个性化消费要付出较高价格，选摘过程中要付出交通、餐饮和时间成本。农户主导模式的稳定主要取决于消费者对产品及其相应配套营销服务的满意度，和随之的回头率和吸引的新消费者（刘瑞涵和周云，2010）。

随着电子商务的发展，很多农户通过电子商务销售渠道完成与消费者的直接销售。互联网取代了传统流通渠道信息传递，去除了供应链条中的很多中间环节和节点，提高了效率，但原来分摊在整个链条的产业链管理、服务任务也都落到农户身上。由于很多农户本身缺乏管理能力、整合能力，再加上当地的产业配套不完整，比如，没有好的加工设备，物流成本较高，运输能力较差，电子商务下的农户模式就无法正常运作，需要物流集散地、中转仓、电商运营公司等服务企业建立规范的产业链物流体系。

7.1.3　核心企业（组织）带动模式

这一模式是以核心企业（组织）作为产业链核心，重组传统的农业流通链条，围绕产品形成"核心企业＋其他合作环节及节点"的产业链产前、生产、加工及销售的运作模式。依据核心企业的不同，该类模式又可以分成不同的方式。

7.1.3.1　核心企业是接受订单大的农户（生产基地）或中间商（采购商、超市、便利店）

这一模式下的核心企业，一般具有较强的市场开拓能力和营销能力，熟悉京郊绿色农产品生产区域布局和产品特征，可以实现与一般农户或生产基地的有效衔接。消费者或消费者团体提前向大的农户（生产基地）或中间商（采购商、超市、便利店）预订产品，农户（生产基地）或中间商（采购商、超市、便利店）接单后，按订单要求的种类、数量与质量等，及时按客户要求组织采摘、分级、包装，通过配送中心或专业配送公司按照交货时间和地点将商品配送到客户手中。核心企业可以自建或租赁仓储中心来调节淡旺季对供求的影响。这一模式的特点是个性化需求、预订消费、小批量集货和个别化配送。

7.1.3.2 核心企业为批发市场的经销商、农产品贩运商或经纪人

在这一模式下，核心企业利用批发市场提供的交易场地、仓储或运输等服务设施、产品与信息集散、交易平台、价格形成与发现、供求调节功能，以及市场配套服务，通过一级批发分别与超市、社区市场、便民连锁店等零售端的批量采购者或次级批发商进行链接。

这一模式下的核心企业，一般以经营京郊产量较大且适宜批发经营的品种为主，同时可能也经营部分外地产品。其目标市场可能是超市，主要满足中高档及个性化需求；也可能是社区或便民店，主要满足大众化需求。

当核心企业合作的上游对象是农户（生产基地）时，有利于发挥核心企业在资金、市场信息和管理等方面的优势，带动农户摆脱"力量薄弱"和"分散无序"的状态而参与到产业链管理中，但企业与农户间的合作需要保持稳定，同时由于农户在信息、资本及市场营销、商业谈判等方面处于弱势，需要平衡二者的利益。

7.1.3.3 核心企业为超市

随着农业产业化的发展，绿色生态农产品需要更广阔的市场；随着人们生活水平的提高，传统的农产品销售方式很难在消费者心中建立商业信誉，也很难确保绿色生态农产品的价值（花永剑，2011）。农超对接直采直供，可以避免生产的盲目性，稳定农产品价格，并保证全环节、全过程的质量控制；同时，随着物流技术的发展，超市通过建立大规模配送中心或与配送中心合作，减少流通环节，降低流通成本。农产品集中采购，连锁销售，相对于农贸市场和个体商贩等传统销售路径，可以取得规模经济优势。目前北京城区的大部分消费者经常光顾超市购买农产品，而京郊越来越多的鲜活农产品从产地直接进入超市。

在农超对接的产业链模式下，超市是农产品产业链的核心。对于品牌较响、人气相对较高的大型连锁超市，集中采购与商品配送量较大，市场覆盖面较广，一般和具有稳定生产基地或货源的企业或合作社建立有相对稳定的合作关系，形成超市和农产品的短距离对接，产品配送或是由联营的商家配送，或是利用专业配送公司配送，或者由超市自建采购中心、配送中心，自己组织货源来完成源头采购、加工及配送。而一些中小超市由于经营及采购规模相对较小，进货途径比较灵活。

超市核心型产业链模式可以稳定物流、保障货源质量、整合资金流与信息流等，实现大市场、大流通。同时这一模式对农产品和农产品生产者有着更高的要求。如京郊产果品中规模较大、质量有保证的果品，如平谷大桃、大兴梨和顺义葡萄等，适合经由超市销售。此外，农户及上游供应商面对超市的集中或源头采购及连锁的优势地位，以及物流链和营运链较大的协调成本，利益可能会面临一定程度的损失。包括产品进入超市条件苛刻、一些超市拖欠货款、经营风险由供应商承担等问题可能会削弱京郊农产品进入超市的意愿，这需要超市做好自身的平台角色（刘瑞涵和周云，2010）。

7.1.3.4　核心组织为中介组织

中介组织是指具有集体经济性质的农民合作经济组织、专业合作社、销售协会或技术协会等，这些中介组织立足小农户对接大市场，通过分工组织专业种养农户参与产业化经营，延长产业链，并使农户获得收益（李建英，2015）。在这一模式下，中介组织作为产业链核心和连接上游农户与下游企业或消费者的桥梁，发挥着构建产业链体系，将众多小规模分散独立的农户联合起来形成供给规模较大的统一经营群体，组织、实施农产品生产和销售等相关服务的作用。

目前京郊部分农产品中介组织主要是与其他企业合作，组织农户统一销售或协助采购商统一集货，处于"中介组织链接"阶段，部分投资能力、市场开拓及营销管理实力较强的中介组织已经可以进行吸引农户投资入股、以企业化实体形式组织生产、建立储藏中心和物流中心、统一批发和配送产品、进行产后加工等一体化活动，包括特殊定制、直销配送、产品展卖和与超市合作等。

7.1.4　集群产业链模式

集群产业链是一种新型网络组织形式，其将供应链运作平台移植到产业集群地域，形成兼具范围经济和规模经济的产业链网络组织系统（周新德和柳弟贵，2008）。产业集群是指集聚于特定区域范围内、众多具有交互联系的企业及与其发展相关的机构、组织等群体，以彼此共通性和互补性相连接的新型经济组织形式（Porter，1990）。这些群体包括具有上下游或水平关系的相关产业厂商，以及由于延伸而涉及的销售渠道、顾客、金融机构、行业协会、政府和提供专业化培训、信息、研发、标准制定的机构及其他相关团体等。与单个企业相比，产业集群具有显著的空间集聚、协同关联、地域根植等特点和优势，金融机构可以有效收集和掌握企业的各类信息，从而减少信息的不对称性，更好地实现金融资源的优化配置，提高企业融资效率，降低企业融资成本，扩大企业融资规模。在产业集群内，企业通过原材料供应、生产、加工、销售等产业链形成一个利益共同体。

7.1.5　信息网络平台协同模式

随着信息技术的发展，电子商务介入农业产业链中，使生产、流通、消费各环节对农产品相关信息更多地实现了共享，并有效提高了农产品供应链的效率（花永剑，2011）。信息网络平台协同模式是将现代物流与电子商务融合而成的产业链运作模式。在这一模式下，核心企业或独立于产业链的第三方利用互联网、物联网等技术，建立统一的农产品市场供求、交易、价格及食品安全等信息管理系统，将分散的农户、运销批发商、中介组织及各类零售商乃至终端客户等产业链各节点成员融合到一张巨大的"网"上，实现对物流、信息流及资金流信息的实时跟踪监控和全程管理，达到资源共享和信息共用的目的。

例如，大北农集团在"智慧农业"计划下开发了智慧养猪系统，围绕"猪"产业链，建立了集产品、服务、资讯、管理、财务、推广于一体的养猪综合服务平台，为大北农"事业财富共同体"内部的合作企业和农户提供六大服务。

一是提供电子商务平台，以大北农为核心，吸纳合作伙伴、养猪场、饲料、原材料、屠宰场、动保企业、设备厂商加盟大北农客服网，开立网店，推广企业和产品，并受大北农统一认证和监管。搭建了饲料及大宗原料交易平台、买猪与卖猪交易平台，以及兽药、疫苗交易平台。

二是建立适合大北农合作伙伴及养猪企业的集采购、销售、生产、追溯、物流、财务与日常管理于一体的信息化智能管理平台，包括客户 OA 系统、客户进销财系统、猪管网等。

三是推出"养猪学院"，通过自建的搜索引擎系统，向客户开放权威信息数据和课件资料，其中多数是第一手音视频资料，打造中国线上养猪知识、信息和智慧中心。

四是提供价格服务，利用大北农 1 万多名业务人员和 10 万多名养殖户每日提供的数据，形成全国数据量最大的猪相关报价平台，通过大北农猪价指数系统为客户开放猪价和大宗原料信息，实时掌控各类行情，为大北农客户提供精准参考。

五是推出疾病诊断系统，利用大北农远程诊断系统，设立坐诊专家，通过专线、手机、视频适时解决养猪户的问题，并在此基础上建立疾病数据库，分析全国及各地区疫情发病情况及发病趋势，根据疾病分布地图，及时提醒相关地区的客户。

六是创办养猪服务中心，为养猪企业提供财务管理、品牌推广、管理咨询等相关服务。

7.2 农业供应链金融框架

农业供应链金融是指金融机构依托业务稳定、效益良好的农业产业链，通过对产业链中的物流、资金流、信息流的有效整合，将整个农业产业链纳入信用评价对象，通过不同环节在农业生产中形成的互联交易充当抵押担保，为产业链上的核心企业、上下游企业、农业合作社、协会、农户等关联方提供系统化的且符合产业链上生产、加工与销售等环节资金需求特点的金融产品及服务。

农业供应链金融参与主体包括：

（1）金融机构。金融机构在农业供应链金融中是资金供给及支付结算服务提供主体。产业链上的核心企业、上下游相关企业、合作社、协会和农户是其潜在目标客户群体。

（2）核心企业或组织。核心企业或组织是整个产业链的组织领导者，具有实力强、资产多、风险低等特征。在农业供应链金融中，核心企业信用是金融机构提供信贷支持的重要依据，核心企业以其信用作为保障，为产业链上信用等级较低的中小企业或农户提供信用增级，降低金融机构的风险。金融机构围绕核心企业，利用其信用外溢效应，为产业链上的上下游相关企业、合作社、协会和农户等提供金融服务。核心企业或组织的经营能力、管理能力和领导能力对金融机构的授信决策有重大影响，同时核心企业还要向金融机构提供产业链节点企业的信用状况，以及向金融机构承诺为借款人承担回购、未发货退款和销售调剂等准担保责任（刘莹，2013）。

（3）上下游企业、合作社、协会和农户。农业供应链金融围绕核心企业，将其信用延伸到其上下游配套企业、合作社、协会和农户，使其成为供应链金融服务的受益者。

（4）物流企业。物流企业在产业链上的生产环节和销售环节之间提供运输、分拣、仓储、装卸搬运、包装、配送、流通加工等基础服务，同时提供预付款、转账结算、物流保险等增值服务。物流企业管控着客户提供的抵（质）押资产，有效掌握着客户的生产经营状况和产品销售情况，因而可以帮助银行降低信息不对称导致的金融服务风险。

农业产业链主要分为生产、加工和销售三个环节。这三个环节都可能存在产业链条经济主体的现金流缺口，不同环节、不同主体的融资需求和融资能力存在差异。在生产环节，种养企业、合作社、农户等参与主体所需资金主要用于购买种子、种畜、化肥农业、承保土地、购置设备等生产性活动，特点是周期性、季节性、频率和周转性较强。同时参与主体大多是分散的农户和小微企业，市场化、规模化程度低，缺乏规范的抵押物，融资能力较弱。在收购环节，收购企业在较短时间内需要大量资金，并可能长期占用。在销售环节，加工企业或销售企业市场参与程度高，自身资产规模大，资本实力相对较强，具有更强的融资能力，它们往往有大量存货，占用流动资金比例高，资金回收慢，由于在产业链中处于优势地位，可以通过各种延期付款等方式占用上游或中游环节的资金。三个环节的经济主体实力、资金需求和融资能力存在显著的非均衡性，供应链金融应针对三个环节采用不同的贷款方式。

7.3　北京市绿色农业供应链金融模式设计

根据前文所分析的北京市农业产业链模式和对供应链金融运行机理的分析，我们设计北京市绿色农业供应链金融模式。

7.3.1　参与主体

一是龙头企业。龙头企业一般是集种植、仓储、加工、销售等于一体的综合性农业公司，信用等级高，在产业链中负责为生产基地内的农户提供优良种子、生产资料、技术指导、市场信息服务等；与农户签订收购合同，负责产品销售和渠道拓展。龙头企业控制种养殖环节和下游流通环节，保证产品质量，在保证农户利益的基础上，形成适应市场和农产品加工销售的规模性（李建英，2015）。

二是专业合作社。专业合作社是核心生产基地所有者，既可以由龙头企业设立发展，也可以由当地政府设立发展，或者由一部分农户发起。专业合作社将众多专业种养农户组织起来，进行规模化、标准化种养殖，共同应对市场，并可以辐射外围基地和农户，主要负责组织农户开展生产。

三是基地农户。基地农户包括专业合作社社员，他们主要是核心基地农户，也包括外围基地农户，核心基地农户通过订单与龙头企业建立较为稳定的联结关系，形成利益共同体；外围基地农户则与龙头企业、专业合作社建立松散的合作关系，双方进行议价购销。

四是金融机构。金融机构在整个产业链条中寻找核心组织，以其为出发点，提供针对完整的农业产、供、销一体化产业链条开展的、"金融机构＋龙头企业＋专业合作社＋基地农户"式的价值链金融服务。

五是互联网平台。在传统供应链金融业务模式下，银行等金融机构是向供应链上下游企业提供融资服务的主体。随着信息技术的发展，互联网平台切入供应链金融领域，可以在一定程度上"取代"银行等金融机构的角色，本身为中小企业提供资金，或者作为中介，向互联网平台上的投资人或其他资金方申请针对供应链上中小企业的融资。

7.3.2　模式设计

7.3.2.1　核心企业主导融资

1. 产业链上单一环节融资

一是金融机构向龙头企业发放贷款，提升企业经营能力和对农户的带动作用，增加产业链的稳定性。

二是龙头企业、专业合作社向金融机构推荐基地内优良的农户，申请农户个人小额贷款，用于发展生产，龙头企业为其贷款提供保证担保，到期农户不能按时偿还的，由龙头企业代为偿还，公司从农户销售款中扣回。

三是专业合作社社员组成联保小组，申请联保贷款，联保小组成员之间可以签订土地流转协议，以其在专业合作社入股的部分承包土地经营权益提供贷款反担保，当小组成员不能按期偿还贷款时，其他成员代为偿还，其提供反担保的土地经营权代为偿还贷款的农户承包经营，当流转土地收益达到贷款本息额时解除反担保（马九杰等，2011）。

在产业链上单一环节融资中，金融机构利用农业产业链中各个主体的利益共同体关系提供金融服务，降低交易成本和风险，可以有效缓解各方的融资约束，带动产业发展。

第一，农户依托专业合作社和龙头企业签订购销合同，降低价格波动风险和经营风险；专业合作社通过基地组织农户生产，并为农户提供各种服务，解决农户种什么、怎么种、种多少的问题，同时依托龙头企业开拓销售渠道；龙头企业与农户签订收购协议，实现农户基地化生产与企业品牌化销售对接。

第二，龙头企业和专业合作社向金融机构推荐优质守信的农户，降低金融机构的客户筛选成本，提高其对农户的风险识别，降低贷款风险。

第三，龙头企业担保、合作社社员联保降低了金融机构风险。

第四，专业合作社的协助管理降低了金融机构的贷款管理成本和风险。

第五，龙头企业和区县政府共同建立风险补偿金，可以防范金融机构的不良资产风险，同时强化龙头企业在产业链融资中的责任和作用。

第六，龙头企业和生产基地签订购销合同，稳定了产品来源，可以降低企业经营风险和金融机构向其发放贷款的信用风险。

2. 全产业链融资

全产业链融资又可称为一体化产业链融资，在此模式中，金融机构针对整个产业链的参与者而不是某个环节来提供金融服务，并且通过所有权关系或者正式的合同关系把参与者整合为一个整体（李建英，2015），从而降低交易成本和风险，实现金融机构和产业链的各个主体的共赢。

以种植业为例，种植业产业链各环节包括种子、种植、收购、加工、仓储、销售等，在全产业链融资模式下，金融机构针对各环节主体贷款，同时促进产业链内部融资。一是对种子生产环节的金融支持。金融机构围绕产业链，从投入品开始，为经营种子的公司提供贷款，支持扩大经营规模，夯实产业链发展的基础。二是对种植环节的金融支持。对重点种植企业、专业合作社等提供资金支持，帮助其解决资金瓶颈问题；或者直接为种植户提供小额贷款，解决其资金短缺问题。三是对收购、加工、仓储、批发、销售等提供金融支持，延伸产业链，真正实现种植、加工、销售一条龙的价值升值。或者基于"公司＋（合作社）协会＋农户"模式，金融机构与种植企业合作，种植企业向金融机构推荐与公司签订有产品购销合同的合作社（协会）内的社员，并按照农户申请、企业推荐、农户自愿、银行考察的原则，向征信、生产条件、生产技能、种植规模、收入来源和还款能力符合条件的农户发放小额贷款，支持农户规模化种植。种植企业则为农户提供贷款担保。

在此过程中，可以发展产业链内部融资：

一是种植企业以"公司＋农户"的形式发展种植，即由公司与农户签订种植合同，同时向种植农户提供资金支持，在帮助农户解决产品销售问题和风险的同时，解决农户大规模种植的资金问题，同时通过合同保证产品的质量和数量。

二是"公司＋合作社（协会）＋农户"的模式。种植企业与专业合作社（种植企业也可以主导发起成立种植合作社）的农户签订购销合同。基于种植购销合同，种植企业通过赊销等方式向农户提供种子、农药化肥和其他生产资料；依托合作社，要求种植户按照企业要求进行种植，并负责提供技术支持、市场信息等服务。产品成熟后，公司按合同规定的价格进行收购，同时扣除公司垫付的成本和服务费用。

在上述种植业全产业链融资模式中，既有企业贷款和农户贷款等金融机构对产业链的外部融资，也有基于种植购销合同的内部融资。外部融资和内部融资相互促进，外部融资支持是链内融资的前提和保证，因为只有种植企业资金充裕，才可能以赊销向农户提供融资；而稳定的种植购销合同和稳定的产业链条，则降低了企业和农户的经营风险，有利于其获取金融机构贷款。

3. "龙头企业＋农户"专项贷款

在"龙头企业＋农户"产业链专项贷款模式中，金融机构针对与产业链上的龙头企业签订种植供销合同的农户，发放专项贷款，用于支持农户组织生产合同中要求的产品种植和养殖等生产活动，可采用"企业发起、集中办理、封闭运行"的管理方式（马九杰等，2011）。龙头企业与农户签订农产品收购合同，同时向金融机构提出贷款合作申请，金融机构对其贷款合作申请进行调查和审批后，与其签订贷款合作协议；签订合同的农户向金融机构提出贷款申请，金融机构对其进行调查、审查及审批，发放专门用于农户针对生产购销合同所需的生产资金的专项贷款；在此过程中，龙头企业或农业担保公司为农户贷款提供担保。农户向龙头企业交付合同规定的农产品后，龙头企业委托金融机构通过龙头企业的资金账户结算划款，在扣除贷款本息后，将剩余的资金划转到农户的账户。

4. "龙头企业＋合作社＋社员"专项贷款

"龙头企业＋合作社＋社员"专项贷款模式依托专业合作社与龙头企业

的农产品供销合同，针对专业合作社提供融资。规模化经营的专业合作社与社员签订生产协议，与龙头企业签订购销合同，向金融机构提出贷款申请，金融机构向其发放贷款，专业合作社再将贷款借给社员，用于组织农业生产。产品收获时专业合作社向农户收购产品后，再销售给龙头企业。在结算时，龙头企业委托金融机构通过龙头企业的资金账户扣除贷款本息，将剩余的资金划转到专业合作社的账户上。这一模式可以实现龙头企业、合作社、农户、银行等多方共赢（杨进先，2011）。

7.3.2.2 园区主导型

园区主导型是指在特定的农业园区内，形成农业产业集群，具有上下游或水平关系的农业生产资料供应商、种养殖商、加工制造商、批发零售商、物流企业及与其发展相关的金融机构、行业协会、政府和提供专业化培训、信息、研发、标准制定的机构，以及其他相关团体等建立一体化的密切合作关系，以彼此共通性和互补性相联结。比较发达的农业园区可以形成农牧业生产、加工、销售、产品交易市场，生产、物流、服务、科研、信息一体化的完整农业产业网络（刘莹，2013）。

农业产业集群具有以下特征：一是地理集中性。集群形成的标志之一是具有相关业务的中小企业在空间上的聚集，从而增加信息和活动的集中。二是集群内主体呈现出高度密集的分工、协作、交易、相互投资、联合研发、咨询、信息和技术交换等内部互动。三是集群内主体间密切的互动联系形成了集群内部网络性组织关系，使信息的流动更加顺畅、缓和经济利益冲突，形成信息交流和互动强化的机会。四是地域根植性。集群主体的经济行为内嵌在互动联系和网络关系中，是建立在区域内共同的文化、信任、互惠、规范、惯例和价值观念上的。

在园区建设前，金融机构可在政府允许的前提下，参与园区前期基础设施融资，同时铺设营业网点等。在园区建设完毕之后，金融机构整合园区内的种植养殖、加工、仓储、物流等企业、合作社、协会与农户等，分析产业链条分布及发展状况，建立项目资料库，以园区和集群为依托，提供基于农业产业链的金融产品和服务，并与保险、担保等机构合作，转移、分担风险。由于农业产业集群一般是以少数龙头企业和众多中小企业为主，因此，金融机构主要提供"龙头企业＋农户""龙头企业＋基地＋农户"等形式的融资。

7.3.2.3 政府主导型

政府初期运用利用农业综合开发专项基金等，投资建设农业生产基地，进行农田、水利、市场、仓储、交通等基础设施建设。在农业生产基地建设完成后，政府以基地为中心，通过土地、税收、财政投入、项目审批、投融资体制改革等措施，鼓励龙头企业进驻基地，培育产业链条，并对产业链条提供财政补贴，同时通过政策支持，吸引银行资金、社会资金进入基地。金融机构对产业链条提供授信，政府与金融机构联合开展担保融资，或者由政府安排财政资金与金融机构或龙头企业联合建立风险补偿金，用于清偿不良贷款，同时做好信用建设，通过依托"企业＋基地＋农业协会＋合作社＋农户"等模式，鼓励经济主体进行集群化、规模化、链条化、标准化生产。

7.3.2.4 互联网平台主导型

围绕传统供应链金融的主要业务模式，互联网平台借助掌握的大数据，与产业链中的核心企业合作，向产业链中的中小企业提供效率较高、门槛较低的融资。互联网平台可以较好地掌握融资企业的资金流信息、物流信息、票据凭证类信息和融资用途，从而能有效控制供应链金融业务风险。以互联网平台为核心的农业供应链金融业务方式主要包括：

（1）互联网平台与农业产业链中的核心企业合作，由核心企业提供担保，以自有资金为农业产业链上下游企业或农户提供融资服务。

（2）核心企业参股或者实际控制互联网平台，为农业产业链上下游企业或农户提供融资服务。

（3）互联网平台企业与金融机构合作。一是根据本身在供应链中的地位、控制力和掌控的电子订单等大量交易信息，提供自有资金，委托金融机构代其向供应链上符合条件的供应商发放贷款；二是针对电商平台的供应链上游企业，电商企业作为中介向金融机构提供平台数据，企业以电商企业确认过的电子订单合同向金融机构申请贷款。

（4）以互联网平台为依托，通过P2P、股权众筹、商品众筹等方式，为农业产业链主体提供资金支持。

8 北京发展绿色农业金融的政策建议

8.1 对北京市绿色农业金融发展现状的评述

第一，近年来北京市现代农业加快发展，已经从过度依赖资源消耗、主要满足量的需求，转变到追求绿色生态可持续、注重提高质量和效益的集约经营发展模式上来。同时，北京市着力构建现代农业产业体系、生产体系和经营体系，提高农业质量效益和竞争力，产出高效、产品安全、资源节约、环境友好的绿色农业现代化道路初步形成，农业生产能力大为提升，新型生产经营主体大量涌现，都市农业稳定增长，第一、第二、第三产业融合加快发展。北京农业金融服务积极探索适应市场需求变化，初步形成多层次、多样化、适度竞争的格局，推动农业金融服务的便利性、可得性持续增强，服务覆盖面不断扩大，有效支持了北京农村经济和农业产业化发展。但是，金融支持和绿色农业产业发展的金融需求之间仍然存在一定差距，仍然需要进行积极的改革和创新，开发迅速推进绿色农业产业发展、符合现代农业发展特点的产品和服务。

第二，随着农业产业结构的调整、农业发展方式的转变，北京农业金融市场发生了变化。一是农业金融服务需求主体发生转变。农业产业化龙头企业、专业大户、农业专业化合作组织、家庭农场和农户等不同类型的经济主体金融需求存在较大差异。二是农业金融服务需求结构出现了全面性、多样性、创新性的要求，要求金融服务要顺应信贷需求复合化、多样化、大额化、长期化、动态化以及信息化的特点，聚焦发展需求、坚持问题导向，关注农业产业化、农产品加工业、农产品电子商务等，推进机构创新、产品创新和服务创新。但目前北京农业金融供给仍然存在较多问题。一是与日益增加的农业产业融资需求相比，信贷供给总量不足。二是金融服务供给多元化程度不够。三是金融产品创新力度不够。四是金融机构协同推动农业产业化发展的机制不够健全。

第三，北京农业金融市场供需结构性矛盾一方面是由于农业投资周期长、市场风险和自然风险高及盈利低的特征，以及农业金融市场上的信息问题和担保抵押缺失问题造成的。体制机制方面的原因则是，北京农业金融体系改革与制度变迁，采取了机构观指导下的渐进式的、政府主导的自上而下的制度变迁过程，是各级政府、金融机构和农户等多元主体利益博弈过程，没有深入认识和建设农业金融市场的整体功能，缺乏对多样化的竞争主体和有效竞争机制的培育，忽视了农业生产、农民生活和农业经济对金融资源多层次、多元化的需求。应按照功能视角，从农业金融体系所处的外部环境和经济目标出发，考察金融体系与外部环境之间的功能耦合关系，在此基础上，选择能满足外部环境对金融功能需求的金融形态和功能实现机制。

8.2 发展北京市绿色农业金融的建议

根据北京市绿色农业产业发展，设计多元化供应链融资模式，金融机构依托业务稳定、效益良好的农业产业链，通过对产业链中的物流、资金流、信息流的有效整合，为产业链上的核心企业、上下游企业、农业合作社、农户等关联方提供系统化的并且符合产业链上生产、加工与销售等环节资金需求特点的金融产品及服务，是促进北京市绿色农业发展的关键动力。

第一，坚持市场导向，主动适应新产业、新业态、新主体的金融需求，大力培育多层次、多样化、适度竞争的绿色农业金融服务体系，政策性金融机构、商业性金融机构、合作性金融机构功能互补，银行类金融机构、非银行金融计划机构相互协调，政府、金融机构、农业经营主体等各方共同努力，互联网金融积极补充，构建可有效促进绿色农业金融发展的基础环境。

第二，加快绿色农业金融产品和业务创新。金融机构要以农业金融市场需求为导向，重点针对农业结构调整的需求，开发农业产业化、规模化和第一、第二、第三产业融合等新农业业态的金融服务和金融产品。根据农业产业链的特点，有选择地支持一批具有一定生产规模、市场竞争力强、辐射带动面广的龙头企业做大做强，基于"公司＋农户""公司＋基地＋农户""公司＋合作社＋农户"等不同的产业化经营方式，大力发展农业供应链金融，加大对龙头企业中长期贷款的投放力度，引导上下游企业利用新技术、新工艺进行精深加工和新产品研发，延长产业链条，同时加大针对家庭农场、农户的小额信贷服务。针对农业第一、第二、第三产业融合的融资需求，开展科技创新、生态旅游、文化创意等特色产业金融服务。通过金融产品、服务方式、贷款流程、信贷模式、担保方式、金融产品等方面的创新，切实解决金融供给与金融需求之间的矛盾。

第三，加快发展非银农村金融机构。一是探索发展农村直接融资，支持农村地区基础较好的企业进一步扩大生产；二是探讨设立主要面向农业产业化龙头企业、农民专业合作社、农业生产大户等提供金融租赁服务的金融租赁公司；三是健全政策性保险与商业性保险相结合的农村保险体系，分担金融机构贷款风险。此外，促进作为农村金融组织结构有机组成部分的担保基金、农村经济合作组织、专业协会、商会等平台建设，充分发挥这些组织的作用，通过其有效组织和协商，促进绿色农业产业链、绿色农业产业园区中小企业间网络的形成和优化，促进企业（农户）间、银企（农）间信息交流和信息公开力度。

第四，政府要引导建立具有完善的体制结构、促进竞争、能够有效运行的绿色农业金融市场（龚明华，2002）。一是综合运用农业财政和金融支持的方式，逐步建立起"政府扶持引导、金融机构贷款支持、民间资本参与、生产经营者投资"的多渠道、多层次的绿色农业投融资渠道，促进现代农业转型升级发展；二是从政策、专项资金、财税补贴等各方面加大支持力度，鼓励支持金融机构加大绿色支农力度；三是健全担保体系，创新符合农村特点的担保机制，因地制宜探索农村宅基地、经济林权、土地使用权等抵押方法，降低信贷交易成本，抑制交易风险；四是通过工商、金融、税务等各部门的协调合作，引导构建信用体系，优化金融服务生态环境；五是引导绿色农业企业和农户按照市场经济的要求，提升自身素质，加强诚信建设，规范自我行为，提高信用等级。

参考文献

[1] 巴曙松，严敏，吴大义．后金融危机时代中国绿色金融体系的发展趋势 [J]．金融管理与研究，2010（2）：9 – 11.

[2] 白钦先．中国农村金融体制改革的战略性重构重组与重建 [J]．中国金融，2004（12）：26 – 28.

[3] 白钦先．金融可持续发展研究导论 [M]．北京：中国金融出版社，2001.

[4] 北京农村商业银行．北京农村商业银行 2015 年年度报告 [R]．2015.

[5] 北京农村商业银行．北京农村商业银行 2016 年年度报告 [R]．2016.

[6]《北京农业产业融合发展研究》课题组．产业融合发展转型中的北京农业 [M]．北京：中国农业科学技术出版社，2016.

[7] 北京市计划工作委员会，北京市农村工作委员会．北京市"十五"时期郊区经济发展规划（京农发〔2001〕22 号）[R]．2001.

[8] 北京市农村工作委员会．关于实施"221 行动计划"推进北京农业现代化的意见（京政农发〔2004〕7 号）[R]．2004.

[9] 北京市农村工作委员会．市委农工委、市农委 2012 年工作总结 [R]．2013.

[10] 北京市农村工作委员会．北京市国家现代农业示范区"十三五"发展规划 [R]．2016a.

[11] 北京市农村工作委员会．市委农工委、市农委 2015 年工作总结 [R]．2016b.

[12] 北京市农村工作委员会．市委农工委、市农委 2016 年工作总结 [R]．2017.

[13] 北京市农村工作委员会，北京市发展和改革委员会，北京市农业局．北京市"十二五"时期都市型现代农业发展规划 [R]．2012.

[14] 北京市农村工作委员会．2017 年工作总结 [R]．2018.

[15] 北京市农村工作委员会发展规划处 . 2016 年北京市农业农村经济发展形势分析报告 [R]. 2017.

[16] 北京市人民政府 . 北京市国民经济和社会发展第十个五年计划纲要 [R]. 2001.

[17] 北京市人民政府 . 北京市"十一五"时期新农村建设发展规划（2006—2010 年）[R]. 2006.

[18] 北京市人民政府 . 北京市"十三五"时期城乡一体化发展规划 [R]. 2016.

[19] 北京市社会主义新农村建设领导小组 . 关于加快城乡发展一体化进程推进土地流转起来、资产经营起来、农民组织起来的意见（京新农发〔2013〕1 号）[R]. 2003.

[20] 北京市第三次全国农业普查领导小组办公室，北京市统计局，国家统计局北京调查总队 . 北京市第三次全国农业普查主要数据公报（第二号）[R]. 2018a.

[21] 北京市第三次全国农业普查领导小组办公室，北京市统计局，国家统计局北京调查总队 . 北京市第三次全国农业普查主要数据公报（第六号）[R]. 2018b.

[22] 柏遵华，聂鸣 . 产业集群背景下的社会资本与产业集群互动研究 [J]. 科技进步与对策，2008（10）：7 – 9.

[23] 蔡四平 . 基于功能视角的农村金融组织体系重构研究 [D]. 长沙：中南大学，2006.

[24] 曹林奎 . 都市农业概论 [M]. 北京：中国农业出版社，2001.

[25] 曹伟 . 北京农村金融发展现状研究 [J]. 北京农学院学报，2011（2）：74 – 77.

[26] 陈杰 . 农村信用社制度变迁的路径依赖 [J]. 调研世界，2003（11）：22 – 25.

[27] 陈军，曹远征 . 农村金融深化与发展评析 [M]. 北京：中国人民大学出版社，2008.

[28] 陈晓红，吴小瑾 . 中小企业社会资本的构成及其与信用水平关系的实证研究 [J]. 管理世界，2008（1）：153 – 155.

[29] 陈晓红，杨怀东 . 中小企业集群融资 [M]. 北京：经济科学出版社，2008.

[30] [美] 道格拉斯·C. 诺斯著，刘守英译 . 制度、制度变迁与经济

绩效 [M]．上海：上海三联出版社，1994．

[31] 邸俊刚，冯开文．中国农村合作金融组织路径依赖问题研究——以农村合作基金会为例 [J]．农村金融研究，2011（1）：69 – 72．

[32] 杜彪．关于我国农村金融制度变迁的思考——基于诺思的国家与制度变迁的理论视角 [J]．经济问题研究，2007（10）：45 – 49．

[33] 范愈新．经济学视角下我国农村金融制度重构思考 [J]．财经视线，2010（24）：43 – 43．

[34] 方志权．都市农业：一种发达形态的农业 [J]．学术研究，2000（12）：38 – 39．

[35] 福建银监局南平分局课题组．小微企业信贷融资困境根源及对策研究——基于信息经济学视角分析 [J]．金融监管研究，2015（6）：49 – 63．

[36] 高宏霞，史林东．中国农村金融制度变迁的路径突破——基于机制设计理论的比较分析 [J]．农村经济，2011（4）：72 – 75．

[37] 高建良．"绿色金融"与金融可持续发展 [J]．金融理论与教学，1998（5）：15 – 17．

[38] 高连和．中小企业集群融资新模式论 [M]．北京：中国金融出版社，2014．

[39] 龚明华．发展中经济金融制度与银行体系研究 [M]．北京：中国人民大学出版社，2002．

[40] 韩立岩．政府引导下的绿色金融创新机制 [J]．中国软科学，2010（11）：12 – 18．

[41] 何自力，徐学军．一个银企关系共生界面测评模型的构建与分析 [J]．南开经济评论，2006（4）：64 – 69．

[42] 何广文．中国农村金融机构多元化路径 [J]．银行家，2007（1）：98 – 101．

[43] 洪葭管．中国金融史 [M]．成都：西南财经大学出版社，1993．

[44] 花永剑．基于产业集群的农产品供应链优化研究——以浙江省为例 [M]．杭州：浙江大学出版社，2011．

[45] 黄少安，张帅，谢志平．企业风险识别机制．抵押品信号传递模型 [J]．财经问题研究，2015（7）：107 – 113．

[46] 姜长云．改革开放以来我国历次粮食供求失衡的回顾与启示 [J]．中国农村观察，2006（2）：9 – 15．

［47］江小林．社会资本视角下中小企业集群融资研究［J］．理论研究，2012（4）：5–12.

［48］李海平．关于北京市农村金融体系建设的思考及建议［J］．北京农业职业学院学报，2011（5）：3–9.

［49］李建英．推进农业产业化经营的融资机制研究——基于农业价值链融资视角［M］．北京：中国社会科学出版社，2015.

［50］李庆国，芦晓春．2016农业迈向"高精尖"的科技利器——北京都市型现代农业发展纪实之五［N］．农民日报，2016–06–18（8）.

［51］李小勃．农村金融制度变迁中存在的问题及政策建议［J］．中国发展观察，2010（8）：46–48.

［52］李永强，赵庆河，史朝晖．都市农业研究的若干基本问题［J］．调研世界，1999（4）：35–37.

［53］李志赟．银行规模与中小企业融资［J］．经济研究，2002（6）：25–37.

［54］林毅夫．关于制度变迁的经济学理论：诱致性变迁与强制性变迁［A］//科斯等．财产权利与制度变迁［M］．上海：上海三联书店，上海人民出版社，1994.

［55］林毅夫．金融改革和农村经济发展［D］．北京：北京大学中国经济研究中心，2003.

［56］林毅夫，李永军．中小金融机构发展与中小企业融资［J］．经济研究，2001（1）：10–18.

［57］林毅夫，孙希芳．信息、非正规金融与中小企业融资［J］．经济研究，2005（7）：35–44.

［58］林勇，马士华．基于产品的供应链设计［J］．中国机械工程，1998（10）：24–26.

［59］刘刚．我国农村金融制度变迁的特征及改革取向［J］．现代管理科学，2006（3）：117–119.

［60］刘磊．农村金融改革与发展研究［M］．北京：中国财富出版社，2016.

［61］刘锁贵，刘勇．农村金融产品和服务创新［J］．银行家，2015（1）：108–109.

［62］刘轶，张飞．基于社会资本的中小企业集群融资分析［J］．湖南大学学报（社会科学版），2009（3）：64–67.

［63］刘莹．我国农业供应链金融研究［D］．济南：山东大学，2013．

［64］雷启振．中国农村金融体系构建研究——基于"三农"实证视角［M］．北京：中国社会科学出版社，2010．

［65］罗来武，刘玉平，卢宇荣．机构观到功能观：中国农村金融制度创新的路径选择［J］．中国农村经济，2004（10）：20－25．

［66］马宏．社会资本与中小企业融资约束［J］．经济问题，2010（12）：68－72．

［67］马士华，林勇，陈士祥．供应链管理［M］．北京：机械工业出版社，2000．

［68］马雪彬，邓汉华．农村金融理论综述［AE/OL］．http：//www. chinavalue. net/Article/Archive/2008/4/11/108921. html，2008．

［69］［日］桥本卓尔．都市农业的理论与政策：农业年鉴序言［M］．京都：法律文化社，1995．

［70］［日］青鹿四郎．农业经济地理［M］．东京：农文协会出版社，1935．

［71］［日］速水佑次郎，［美］弗农·拉坦著，郭熙保等译．农业发展的国际分析［M］．北京：中国社会科学出版社，2000．

［72］苏保祥．都市型农业金融支持探索［J］．中国金融，2016（17）：64－66．

［73］谭庆美，吴金克，赵黎明．中小企业信贷市场信号传递的博弈模型［J］．统计与决策，2009（4）：65－67．

［74］万川川．中国农村正规金融与非正规金融"垂直连接"的理论分析［D］．昆明：云南财经大学，2010．

［75］王彬，刘天然．中国农村金融体系的制度变迁［J］．中国市场，2011（11）：78－84．

［76］王晓君，吴敬学，蒋和平．我国都市型农业发展的典型模式及驱动机制——基于14个大中城市案例研究［J］．农业现代化研究，2017（3）：183－189．

［77］王亚飞，董景荣．基于非正规金融演进与农村金融制度变迁的机制分析［J］．金融理论与实践，2008（12）：23－26．

［78］王迅．现代农业转型中的金融支持［J］．中国金融，2012（12）：55－57．

［79］吴建寨，李斐斐，杨海成，吴圣，沈辰．美国都市农业发展及启

示 [J]. 世界农业, 2017 (8): 19-24.

[80] 吴晓灵. 重构农村金融体系, 支持县域经济发展 [J]. 金融与保险, 2003 (10): 4-6.

[81] [美] 西奥多·舒尔茨著, 郭熙保, 周开年译. 经济增长与农业 [M]. 北京: 北京经济学院出版社, 1991.

[82] [美] 西蒙·库兹涅茨著, 常勋等译. 各国的经济增长 [M]. 北京: 商务印书馆, 2005.

[83] 谢家智, 冉光和. 中国农村金融制度变迁的路径依赖 [J]. 农业经济问题, 2000 (5): 25-28.

[84] 谢欣. 论我国农村金融的可持续发展 [J]. 华南农业大学学报: 社会科学版, 2004 (3): 10-17.

[85] 徐长春. 关于都市农业的 "咬文嚼字": 概念溯源及认知浅见 [J]. 新农业, 2017 (2) (下半月刊): 29-31.

[86] 于明霞. 中国农村金融组织体系完善研究 [D]. 长春: 东北师范大学, 2007.

[87] 于战平. 都市型农业的理论探讨 [J]. 农业经济, 2001 (6): 16-17.

[88] 袁冰. 都市农村商业银行发展现状及策略分析 [D]. 北京: 首都经济贸易大学, 2008.

[89] 袁纯清. 金融共生理论与城市商业银行改革 [M]. 北京: 商务印书馆, 2002.

[90] 张雅光. 天津沿海都市型现代农业相关问题研究 [J]. 天津行政学院学报, 2009 (11): 49-53.

[91] 姚耀军. 中国农村金融改革: 基于金融功能观的分析 [J]. 西安交通大学学报 (社会科学版), 2006 (4): 1-4.

[92] 于书江. 集群式产业创新的社会资本效应研究 [J]. 科学学与科学技术管理, 2004 (6): 35-38.

[93] 张斌. 对中国农村金融制度变迁的思考 [J]. 经济研究导刊, 2011 (4): 39-40.

[94] 张承惠, 潘光伟等. 中国农村金融发展报告 2016 [M]. 北京: 中国发展出版社, 2017.

[95] 张贵益. 创建 "公司+果品运销大户" 支农模式实现集约化, 组织化金融产业有效对接——农行陕西省咸阳分行创新 "三农" 金融服务的

启示 [J]. 中国农业银行武汉培训学院学报, 2013 (5): 38-39.

[96] 张红宇等. 金融支持农村第一、第二、第三产业融合发展问题研究 [M]. 北京: 中国金融出版社, 2016.

[97] 张杰. 中国农村金融制度: 结构、变迁与政策 [M]. 北京: 中国人民大学出版社, 2003.

[98] 张捷. 银行信贷配给与中小企业贷款 [J]. 经济研究, 2003 (7): 32-39.

[99] 张晓山, 何安耐 (Rainer Heufers). 走向多元化、竞争性的农村金融市场 [M]. 太原: 山西经济出版社, 2006.

[100] 张伟. 现代农村金融理论及我国农村金融制度模式的演进探索 [J]. 现代财经, 2010 (1): 17-20.

[101] 赵方忠. 大兴农村金融"麻雀"变"凤凰" [J]. 投资北京, 2016 (1): 62-64.

[102] 赵祥. 产业集群与中小企业融资机制——基于广东产业集群的制度分析 [M]. 北京: 经济科学出版社, 2008.

[103] 中国人民银行抚州市中心支行课题组. 中国农村金融结构与制度创新问题研究 [AE/OL]. http://fzjxzlh.blog.hexun.com/23938905_d.html, 2005.

[104] 周晓强. 以供应链金融助推农业产业化发展 [J]. 中国金融, 2012 (15): 36-37.

[105] 周新德, 柳弟贵. 浅议农业产业集群对湖南现代农业建设的推动作用 [J]. 湖南农业科学, 2008 (6): 94-98.

[106] [美] 兹维·博迪, 罗伯特·C. 默顿, 戴维·L. 克利顿著, 曹辉译. 金融学 [M]. 北京: 中国人民大学出版社, 2013.

[107] Ahlin, C., Townsend, R. M. Using repayment data to test across models of joint liability lending [J]. The Economic Journal, 2007, 117: 11-51.

[108] Aniket K. Sequential group lending with moral hazard [R]. ESE Discussion Paper No. 136, Edinburgh School of Economics, University of Edinburgh, 2007.

[109] Armendáriz de Aghion B. On the design of a credit agreement with peer monitoring [J]. Journal of Development Economics, 1999, 60 (1): 79-104.

[110] Armendáriz de Aghion B. , Morduch J. Microfinance beyond group lending [J]. The Economics of Transition, 2000, 8 (2): 401 – 420.

[111] Armendáriz de Aghion B. , Morduch J. The economics of microfinance [M]. Cambridge, MA: MIT Press, 2005.

[112] Armendáriz de Aghion B. , Gollier C. Peer group formation in an adverse selection model [J]. Economic Journal, 2000, 110 (465): 632 – 643.

[113] Balkenhol, B. , Schütte, H. Collateral, collateral law and collateral substitutes (2nd edition) [A]. Social Finance Program Working Paper No. 26, Employment Sector, International Labour Office (ILO), Geneva, 2001.

[114] Banerjee, A. V. et al. Thy neigbor's keeper: the design of a credit cooperative with theory and a test. Quarterly Journal of Economics, 1994, 109 (2): 491 – 515.

[115] Becattini, G. The Marshallian industrial district as a socio – economic motion [A] //Pyke, F. , Becattini, G and Sengenberger, W (Eds.). Industrial Districts and Inter – firm Cooperations in Italy [C]. Geneva: International Institute for Labor Studies, 1990.

[116] Berger, A. N. , Rosen, R. J. , Udell, G. F. Does market size structure affect competition? The case of small business lending [J]. Journal of Banking & Finance, 2007, 31 (1): 11 – 33.

[117] Besley, T. J. , Coate, S. Group lending, repayment incentives and social collateral [J]. Journal of Development Economics, 1995, 46 (1): 1 – 18.

[118] Bester, H. Screening versus rationing in credit markets with imperfect Information [J]. The American Economic Review, 1985, 75 (4): 850 – 855.

[119] Bolton P, Scharfestein D. A theory of predation based on agency problems in financial contracting [J]. American Economic Review, 80 (1): 93 – 106.

[120] Bond P. , Rai A S. Collateral substitutes in microfinance [R/OL]. Working Paper, 2006: http: //www. cid. harvard. edu/cidpublications/limits – july2. pdf.

[121] Boot, A. W. , Thakor, A. V. Moral hazard and secured lending in an infinitely repeated credit market game [J]. International Economic Review, 1995, 35: 899 – 920.

［122］ Bourdieu, P. The Forms of Capital, in John Richardson (ed.) ［A］ //Handbook of Theory and Research for the Sociology of Education ［M］. New York: Greenwood Press, 1986: 241 – 258.

［123］ Bond, P. , Rai, A. S. Collateral substitutes in microfinance ［A］ // North American Meetings of the Econometric Society and the University of California Irvine Development Conference ［R］. Narvard: July 3, 2002.

［124］ Cason, T. N. et al. Moral hazard and peer monitoring in laboratory microfinance experiment ［R］. Working Paper No. 1208, Institute for Research in the Behavioral, Economic, and Management Sciences, Krannert School of Management, Purdue University, Indiana, 2008.

［125］ Cassar, A. et al. The effect of social capital on group loan repayment: Evidence from field experiments ［J］. The Economic Journal, 2007, 117 (517): F85 – F106.

［126］ Cheng, E. J. The demand for micro – credit as a determinant for microfinance outreach – Evidence from China ［R］. Paper presented at FAO, the Ford Foundation, and IFAD's conference on rural finance research " Moving Results into Policies and Practice", Rome, Italy, 2007.

［127］ Chowdhury, R. P. Group lending: sequential financing, lender monitoring and joint liability ［J］. Journal of Development Economics, 2005, 77 (2): 415 – 439.

［128］ Chowdhury, R. P. Group lending with sequential financing, contingent renewal and social capital ［J］. Journal of Development Economics, 2007, 84 (1): 487 – 506.

［129］ Conning, J. Group lending, moral hazard, and the creation of social collateral ［R］. Working Paper, Center for Institutional Reform and the Informal Sector, University of Maryland at College Park, 1996.

［130］ Conning, J. Outreach, sustainability and leverage in monitored and peer – monitored lending ［J］. Journal of Development Economics, 1999, 60 (1): 51 – 77.

［131］ Conning, J. Monitoring by peers or by delegates? Joint liability loans under moral hazard ［R］. Hunter College Department of Economics Working Papers, No. 407, Hunter College, 2005.

［132］ Dei Otatti. Trust, interlinking transactions and credit in the industrial district [J]. Cambridge Journal of Economics, 1994, 18 (6): 529 - 546.

[133] Fabiani, S., Pellegrini, G., Romagnano, E., Signorini, L. F. Efficiency and local isolation. The case of Italian districts. In Signorini, L. F. (Eds.) Lo Sviluppo Locale. Un'indagine Della Banca d'Italia sui Distretti Industriali, Corigliano Calabro. Meridiana Libri. 21 - 49.

[134] Freixas, X., Rochet, J - C. Microeconomics of Banking [M]. Cambridge, MA: MIT Press, 2005.

[135] Gangopadhyay, S. et al. Joint liability lending and the peer selection effect [J]. The Economic Journal, 2005, 115 (506): 1005 - 1015.

[136] Ghatak, M., Guinnane, T. W. The economics of lending with joint liability: theory and practice [J]. Journal of Development Economics, 1999, 60 (2): 195 - 228.

[137] Ghatak, M. Group lending, local information and peer selection [J]. Journal of Development Economics, 1999, 60 (1): 27 - 50.

[138] Giné, X., Karlan, D. Group versus individual liability: a field experiment in the Philippines [R]. Working Papers, 940, Economic Growth Center, Yale University, 2006.

[139] Guiso, L., Sapienza, Zingales, L. The role of social capital in financial development [J]. American Economic Review, 2004, 94 (3): 526 - 556.

[140] Guttman, J. M. Screening by the company you keep: joint liability lending and the peer selection effect [J]. Economic Journal, 2000, 110 (4): 601 - 631.

[141] Guttman, J. M. Repayment performance in microcredit programs: a survey [R]. Working Paper No. 2006 - WP - 01, Networks Financial Institute, Indianapolis, IN, 2006.

[142] Guttman, J. M. Moral hazard and repayment performance under group lending [R]. Working Paper No. 2006 - WP - 03, Networks Financial Institute, Indianapolis, IN, 2006.

[143] Guttman, J. M. Assortative matching, adverse selection, and group lending [J]. Journal of Development Economics, 2008, 87 (1): 51 - 56.

[144] Gonzalea - Vega, C. Credit - rationing behavior of agricultural lenders: the iron law of interest restrictions (1984) [A] //Adams, D. W., Gra-

ham, D. and Von, Pischke, J. D. (eds.). Undermining Rural Development with Cheap Credit [M]. Boulder: Westview Press, 1992: 78 – 95.

[145] Hulme, D. Mosley, P. Finance against poverty, Volumes 1 and 2 [M]. London: Routledge, 1996.

[146] Impavido, G. Credit rationing, group lending and optimal group size [J]. Annals of Public and Cooperative Economics, 1998, 69 (2): 243 – 260.

[147] International Labour Office. Securing small loans: the transaction costs of taking collateral social finance program [R]. Final Report by the Social Finance Program, International Labour Office (ILO), Geneva, 2001.

[148] Karlan, D. S. Social connections and group banking [J]. The Economic Journal, 2007, 117: 52 – 84.

[149] Kreps, D. , Milgrom, P. , Roberts, J. , Wilson, R. Rational cooperation in the finitely repeated prisoners dilemma [J]. Journal of Economic Theory, 1982, 27: 245 – 252.

[150] Kritikos. A. S. , Vigenina. D. Key factors of joint – liability loan contracts: an empirical analysis [J]. Kyklos, 2005, 58 (2): 213 – 238.

[151] Laffont, J – J. , N'Guessan, T. Group lending with adverse selection [J]. European Economic Review, 2000, 44 (4 – 6): 773 – 784.

[152] Lensink, R . , Mehrteab, H. T. Risk behavior and group formation in microcredit groups in Eritrea, CREDIT Research Paper No. 03/02, Research Institute SOM, University of Groningen, 2003.

[153] Mehrteab, H. T. Adverse selection and moral hazard in group – based lending: evidence from Eritrea [R]. Doctoral dissertation, University of Groningen, the Netherlands, 2005: http: //irs. ub. rug. nl/ppn/271447184.

[154] Morduch, J. Does microfinance really help the poor? New evidence from flagship programs in Bangladesh [R]. Working Paper, ECARES, Princeton University, Woodrow Wilson School of Public and International Affairs, Research Program in Development Studies, 1998.

[155] Morduch, J. The role of subsidies in microfinance: evidence from the Grameen Bank [J]. Journal of Development Economics, 1999 (a), 60 (1): 229 – 248.

[156] Morduch, J. The mcrofinance promise [J]. Journal of Economic Literature, 1999 (b), 37 (4): 1569 – 1614.

［157］Morduch，J. The microfinance schism ［J］. World Development，2000，28（4）：617 - 629.

［158］Okura，M.，Zhang，W. Group lending with sequential moves ［J］. International Journal of Economics and Finance，2012，4（5）.

［159］Park A and Ren C. Microfinance with Chinese characteristics ［J］. World Development，2001，29（1）：39 - 62.

［160］Peterson，M. A.，Rajan，R. The effect of credit market competition on lending relationships ［J］. The Quarterly Journal of Economics，1995，110（2）：407 - 443.

［161］Phillip，W. B.，Wendell，J. V. Supply chain management：A Time - based strategy ［J］. Industrial Management，1996，38（5）：24 - 27.

［162］Porter，M. E. The Competitive Advantage of Nations ［R］. New York：the Free Press，1990.

［163］Russo，P. F.，Rossi，P. Credit constraints in Italian industrial districts ［J］. Applied Economics，2001，33（11）：1469 - 1477.

［164］Sadoulet，L. Equilibrium risk - matching in group lending ［R］. Contributed Paper No. 1302，the 8th Econometric Society World Congress，Seattle，Washington（August 2000），1999.

［165］Sadoulet，L.，Carpenter，S. Endogenous matching and risk heterogeneity：evidence on microcredit group formation in Guatemala ［R］. Working Paper，ECARES，University Libre de Bruxelles，2001.

［166］Scott，J.，Dunkelberg，W. Bank mergers and small firms financing ［J］. Journal of Money，Credit and Banking，2003，35（6）：999 - 1017.

［167］Spence，M. Job market signaling ［J］. The Quarterly Journal of Economics，1973，87（3）：355 - 374.

［168］Sharma，M.，Zeller，M. Repayment performance in group - based credit programs in Bangladesh：an empirical analysis ［J］. World Development，1997，25（10）：1731 - 1742.

［169］Simtowe，F.，Zeller，M. Determinants of moral hazard in microfinance：empirical evidence from joint liability lending programs in Malaw ［R］. MPRA（Munich Personal RePEc Archive）Paper No. 461，University Library of Munich，Germany，2006.

［170］Stiglitz，J. E. Peer monitoring and credit markets ［J］. World Bank

Review, 1990, 4 (3): 351 – 366.

[171] Stiglitz, J. E. , Weiss, A. Credit rationing in markets with imperfect information [J]. The American Economic Review, 1981, 71 (3): 393 – 410.

[172] Van Bastelaer, T. Imperfect information, social capital, and the poor's access to credit [R]. IRIS Center Working Paper No. 234, University of Maryland, Center on Institutional Reform and the Informal Sector (IRIS), 2000.

[173] Van Bastelaer, T. , Leathers, H. Trust in lending: social capital and joint liability seed loans in southern Zambia [J]. World Development, 2006, 34 (10): 1788 – 1807.

[174] Van Tassel, E. Group lending under asymmetric information [J]. Journal of Development Economics, 1999, 60 (1): 3 – 25.

[175] Van Tassel, E. A study of group lending incentives in Bolivia [J]. International Journal of Social Economics, 2000, 27 (7 – 10): 927 – 943.

[176] Varian, H. Monitoring agents with other agents [J]. Journal of Institutional and Theoretical Economics, 1990, 146 (1): 153 – 174.

[177] Wette, H. C. Collateral in credit rationing in markets with imperfect information [J]. The American Economic Review, 1983, 73 (3): 442 – 445.

[178] Wydick, B. Can social cohesion be harnessed to repair market failures? Evidence from group lending in Guatemala [J]. Economic Journal, 1999, 109 (457): 463 – 475.

[179] Zeller, M. Determinant of repayment performance in credit groups: the role of program design, intra – group risk pooling, and social cohesion [J]. Economic Development and Cultural Change, 1998, 46 (3): 599 – 621.

后　记

　　本书是笔者主持的 2012 年教育部人文社科青年基金项目"首都绿色农业金融发展机制研究——基于供应链金融的探讨"（项目批准号：12YJC790271）的研究成果，同时受 2013 年北京工商大学国家社科基金配套项目"中国农村金融改革与发展研究"资助，在此表示感谢。

　　本书是课题组成员徐振宇、程悦、郑延婷、郝建强、安顺伟、周大伟、陈志的集体智慧结晶。该项目的研究和本书的写作，还要感谢我的研究生李靖和刘芳所做的资料收集和整理工作。

　　本书得以顺利付梓，要特别感谢中国金融出版社的吕楠老师，感谢她的大力支持，以及耐心细致和认真负责的工作态度。

　　感谢我的诸位同事、领导对我的帮助和支持，在此不一一列举，但要深表谢意。

　　由于学识有限，书中片面之词、肤浅之见乃至疏漏错误之处在所难免，还望读者不吝批评指正。

张伟
2018 年于航天桥